하루 5분의
공상은
현실이 된다

하루 5분의 공상은 현실이 된다

인생의 속도를 높이는 방법

1판 1쇄 인쇄 2021년 1월 11일
1판 2쇄 발행 2021년 3월 8일

지은이 이시다 히사쓰구
옮긴이 이수경

발행인 박주란
디자인 김가희

등록 2019년 7월 16일(제406-2019-000079호)
주소 경기도 파주시 문발로 197 1층 102호
연락처 070-8957-7076 / sowonbook@naver.com

ISBN 979-11-969331-9-7 13190

하루 5분의 공상은 현실이 된다

인생의 속도를 높이는 방법

세개의소원

프롤로그

운이 좋을 때는 이런 일이 일어난다
:

딱히 내세울 것 없는 남자에서 억세게 운 좋은 남자가 되었다

여러분은 자신을 운 좋은 사람이라고 생각하는가?

"저는 억세게 운이 좋습니다!"

이렇게 말하면 자기 자랑을 한다며 불편해하는 사람도 있겠지만, 나는 이런 말을 자신 있게 할 수 있다. '어떤 일'이 일어날 때 운이 좋은지를 잘 알고 있기 때문이다.

청소년 시절 나는 IQ도 낮고 공부도 잘 못하고 외모도 볼품없었다. 그러다 보니 '딱히 내세울 것 없는 아이' 취급을 받을 때가 많았다. 사회인이 되어 직장에 들어간 뒤에도 업무 성과가 그다지 좋지 않아서 직장 상사에게 "자네는 특별히 잘하는 게 없으니 그냥 시키는 일만 제대로 하게"라는 말을 자주 들었다. 당시 그런 말은 내게 제법 큰 상처가 되곤 했다.(웃음)

싫은 일을 참고 해내는 끈기도 부족했던 나는 아무것도 제대로 배우지 못한 채 서른이 훌쩍 지났다. 다만 운은 좋았던 것 같다. 위기가 닥칠 때마다 믿을 수 없을 정도로 행운이 찾아왔고, 그런 일이 되풀이되는 동안 스스로 자신감이 생기고 성장하는 것을 실감했다. 그리고 서서히 '운이 좋을 때는 어떤 일이 일어나는지, 어떻게 하면 그 일을 재현할 수 있는지' 알게 되었다.

이 책에서는 이처럼 운이 좋아지는 법칙, 그리고 운의 흐름에 올라타서 계속해서 꿈과 소원을 착실히 이뤄가는 방법을 소개하고자 한다.

무인 탐사선은 어떻게 명왕성에 도달했을까?

언젠가 미국 항공우주국 나사(NASA)에서 2006년에 쏘아 올린 무인 탐사선 뉴호라이즌호가 명왕성에 접근했다는 뉴스를 접했다. 명왕성은 지구에서 약 48억km나 떨어져 있다. 상상을 초월하는 거리와 넓이이다. 예를 들면 우리나라에서 날린 풍선이 바람을 타고 미국 뉴욕까지 날아가 자유의 여신상이 들고 있는 횃불에 도착하는 것과 같다고나 할까? 아니, 그보다 훨씬 멀고 광대한 여정일지 모른다. 정말 우리나라에서 풍선을 날린다면 정확히 자유의 여신상 횃불에 도달할 확률은 얼마나 될까? 1만분의 1, 1억분의 1도 안 될 것이다.

그러나 뉴호라이즌호는 정확히 명왕성에 도달했다. 어떻게 그럴 수 있었을까? 그것은 다음의 두 가지 이유 덕분이다.

1. 탐사선이 명왕성 쪽을 향하고 있었다.

2. 탐사선이 명왕성을 향해서 움직였다.

우주 전문가들이 명왕성까지 가는 궤도와 거리를 정확히 계산했고, 그 계산대로 탐사선이 날아갔기 때문에 도달할 수 있었던 것이다. 결코 우연이 아닌 것이다.

'뭐야, 그게 다야?'라고 생각할지 모르지만, 말이 쉽지 보통 사람은 이해하기 힘든 세계이다. 인류는 이처럼 불가능해 보이는 일을 해내고 있다.

사실 '운'도 그와 같다. 믿기 힘든 '우연'이라는 이름의 '필연'이 늘 일어난다. 그리고 이 우연 같은 필연은 의도적으로 일으킬 수도 있다. 이렇게 운의 흐름에 올라타기 위해서는 명왕성을 향해가는 뉴호라이즌호처럼 다음과 같은 두 가지 조건을 충족해야한다.

1. 소원하는 쪽을 향하고 있다.

2. 소원하는 쪽으로 움직인다.

우선 이 두 가지 조건을 갖춰야 한다. 뉴호라이즌호는 명왕성을 향하고 있었을 뿐만 아니라, '전문가의 계산'을 통해 정확한 방향으로 움직였기에 명왕성에 도달할 수 있었다. 인생도 마찬가지이다. 어떤 방향으로 향해 있을 때 '우주의 계산'이 시작되어 우리를 목적지로 이끌고 간다.

운이 좋을 때 두 가지 일이 일어난다

방향을 맞춰가는 계산 과정에서 우주는 다양한 도움을 준다. 그리고 믿기 힘든 행운이 일어날 때 반드시 두 가지 상황이 펼쳐진다. 우선 어떤 쪽을 향해서 움직이다 보면 '신호'가 찾아온다. 그것은 우연 같은 필연이며 우주의 신호라고 부를 수 있다. '문득 떠오른 마음의 목소리' '듣는 순간 마음이 술렁이는 말' '뜻밖의 조력자' 같은 신호가 찾아오는 것이다.

한편 전문가가 아무리 완벽하게 계산해도 실제로 우주선을 쏘아 올리지 않으면 명왕성에 도달할 수 없듯이 우리 역시 앞으로 나아가지 않으면, 즉 행동하지 않으면 아무 일도 일어나지 않는다. 그 행동의 원천이 되는 힘이 바로 에너지이다. 다시 말해 운이 좋을 때는 에너지가 불타오른다. 이것이 두 번째로 펼쳐지는 상황이다.

2006년 2월, 수중에 16만 원밖에 없던 나는 월말에 집세조차 낼 수 없는 형편이었는데 갑자기 생각지도 않은 300만 원짜리 일이 생기는 체험을 했다. 이 무렵 나는 프리랜서로 진로의 방향을 잡고 있었다. 그러나 일도 없고 모아둔 돈도 바닥이 나서 결국 집세도 낼 수 없는 지경에 이르렀다. 원래대로라면 직장을 찾았겠지만 나는 잠시 고민한 끝에 그 선택지를 버렸다. 당시 나는 필생의 과업이라고도 할 수 있는 폭포 수행을 시작해 한창 100일 수행을 하고 있었는데, 이 시기에 구직 활동을 한다는 것은 수행의 중단을 의미했다.

'지금 내게 중요한 것은 100일간의 폭포 수행을 완수하는 것이다!'

이렇게 마음먹었을 때 내 안에서 엄청난 에너지가 솟아오르는 느낌이 들었다. 그리고 웬일인지 곧바로 300만 원짜리 일이 들어온 것이다. 다행히 자동으로 집세가 빠져나가기 직전에 통장으로 돈이 들어왔는데 신기하게도 그날은 마침 내 생일이었다. 이런 우연은 정말이지 우주의 신호가 아니면 일어날 수 없다. 그 후로 일이 잘 풀려 지금은 별 탈 없이 연 3억 원 정도의 수입을 올리고 있다. 그때 구직 활동을 하지 않은 것은 정말 잘한 일이었다. 역시 운이 좋았다고 할 수 있다.

믿기 힘든 행운이 일어날 때는 이처럼 틀림없이 '신호'가 찾아오고 '에너지'가 터져 나온다.

마침내 가속할 때가 되었다

행운의 흐름에 올라타면 당연히 '소망 실현'이나 '되고 싶은 나'를 향한 움직임에 속도가 붙는다. 전작인《3개의 소원 100일의 기적(원제: 夢がかなうとき、「なに」が起こっているのか)》에서는 제목 그대로 꿈이 이루어지는 순간의 메커니즘을 설명했다. 한마디로 요약하면 깨달음을 얻어야 소원을 이룬다는 것이다. 그러나 깨달음을 얻기 전에 종종 자신의 힘을 뛰어넘는, 운이라고밖에 믿을 수 없는 일이 일어난다.

운의 비밀을 알면 여러분의 인생은 꿈을 향해 더욱 가속이 붙고, 그만큼 꿈을 이루는 속도도 빨라질 것이다.

이 책의 제1장에서는 우주의 계산, 다시 말해 우주가 보내는 '신호'의 정체를 밝히고, 소원을 이루기 위해 키를 제대로 잡는 방법을 이야기한다. 이 장을 읽고 나면 '우주의 흐름'을 가까이 느낄 수 있고, 운이 좋아지는 것을 실감할 수 있을 것이다.

제2장에서는 운을 가속화하는 '에너지'를 당기는 방법과 그 사용법을 다룬다. 실제로 소원을 이루어주는 우주의 기운은 여러 가지 메시지를 전하는데, 그 메시지가 때로는 상당한 스트레스를 안겨주기도 한다. 그런 스트레스를 극복하고 소망을 빨리 실현할 수 있도록 돕는 것이 바로 에너지이다. 에너지는 지금까지 내 안에 감춰져 있던 행동력의 근원이다.

하지만 아무리 메시지대로 행동하고 싶어도 그 행동을 뒷받침하는 조건을 갖추지 못하면 실행하기가 어려운데, 그것이 바로 에너지의 화신이기도 한 '돈'이다. 그래서 제3장에서는 많은 소원을 이루어주고, 또 행복한 인생을 사는 데 필요한 돈을 확실히 내

편으로 만드는 방법을 설명한다.

마지막으로 제4장에서는 운이 좋은 상태에 놓인 최상의 순간에 대해 이야기한다. 솔직히 그 상태에 있으면 다른 건 아무것도 할 필요가 없다. 운이 너무 좋아서 황홀할 지경이다.

이 책의 마지막에 부록으로 소개한 원고는 그동안 내가 발행해온 소식지의 독자 반응을 반영해 여러분도 반드시 나와 같은 행운을 체험해보기를 바라는 마음으로 강연을 하듯 만든 내용이다.

우연이든 필연이든 여러분은 지금 이 책을 손에 들고 있다. 나는 이 책과 부록을 만드는 데 엄청난 에너지를 쏟아부었다. 부디 끝까지 읽어주기 바라고, 또 부록으로 소개한 글도 아홉 번 이상 읽어주면 좋겠다. 운을 자신의 것으로 만들어 꿈과 소원을 하나하나 이루고, 여러분의 인생을 지금보다 훨씬 더 즐겁게 만들어가길 바란다.

　우주의 안내를 받는 지금이 바로 가속할 때이다! 자, 운을 맞을

준비가 되었는가?

　"Now's the time!"

차례

제2장 스트레스를 넘어 운을 당기는 에너지 사용법

제3장 필요한 돈을 끌어당기는 가장 확실한 방법

제4장 이제 아무것도 필요 없다! 최고의 운을 가진 최상의 순간

읽기만 하면 운이 좋아지는 저자 특강

제1장

인생을 바꾸고 싶다면
마음의 술렁임을
끝내라

도깨비를 무찌른 것은 운이 좋았기 때문일까?

복숭아에서 태어난 복숭아 동자. 할머니와 할아버지 밑에서 무럭무럭 자라난 복숭아 동자는 도깨비에게 빼앗긴 보물을 되찾으러 도깨비섬으로 길을 떠난다. 할머니가 만들어준 수수경단을 가지고 출발!

복숭아 동자는 도깨비섬으로 가는 길에 수수경단을 먹고 싶어 하는 개와 원숭이와 꿩을 만나고, 그들에게 떡을 나누어주었다. 그러자 개와 원숭이와 꿩은 복숭아 동자의 부하가 되었다. 도깨비섬에 도착한 복숭아 동자는 개와 원숭이와 꿩과 힘을 합쳐서 도깨비를 무찌른 후 보물을 되찾아 마을로 돌아왔다. 해피엔딩.

일본의 유명한 옛날이야기, 〈복숭아 동자〉의 줄거리이다.

옛날부터 지금까지 이어져 내려오는 전래 동화에는 보통 보편적인 교훈과 힌트가 담겨 있는데, 〈복숭아 동자〉도 그렇고, 이전 책에서 소개한 〈꼬마 요정과 구둣방 할아버지〉도 마찬가지이다. 줄거리를 짧게 줄여서 소개했지만 사실 〈복숭아 동자〉의 내용은 상당히 심오하다. 이 이야기에는 운의 흐름에 올라타서 소원을 이루기까지의 중요한 메커니즘이 담겨 있다.

복숭아 동자의 소원은 도깨비섬에서 도깨비를 물리치고 보물을 되찾는 것이다. 그런데 한번 생각해보자. 기껏해야 소년 정도밖에 안 되는 어린 복숭아 동자가 혼자서 무시무시한 도깨비들을 물리치고 보물을 되찾을 수 있을까? 그런데도 할머니와 할아버지는 흔쾌히 승낙했다. 일반적으로는 못 가게 말릴 것이다. 하지만 복숭아 동자는 정말 운이 좋았다. 가는 길에 개와 원숭이와 꿩을 만났고, 또 가지고 있던 수수경단을 나누어주었더니 흔쾌히 부하가 되었기 때문이다.

전술(戰術)을 살펴보면 먼저 꿩이 도깨비 주위를 날아다니며 주위를 끈다. 이때 개가 도깨비의 다리를 물고 늘어져서 잔뜩 약을 올리면 그 틈을 타서 원숭이가 달려들어 도깨비의 얼굴을 할 퀸다. 도깨비가 중심을 잃고 허점을 보였을 때 복숭아 동자가 단칼에 얏!

확실히 이런 식으로 싸우면 쉽게 이길 수 있다. 나라도 이길 수 있을 것이다. 완벽한 작전이다. 그런데 여기에서 개와 원숭이와 꿩 중 누구 하나라도 없으면 성공할 수 없다는 점이 매우 중요하다. 도깨비섬으로 가는 길에 세 동물을 만난 것도 엄청난 우연이지만, 복숭아 동자가 수수경단을 갖고 있었던 점은 참으로 절묘하다. 다시 말해 개, 원숭이, 꿩 그리고 수수경단까지 무엇 하나만 빠져도 도깨비를 물리칠 수 없었다는 얘기이다. 복숭아 동자의 행운은 정말로 엄청나다.

복숭아 동자의
엄청난 행운

도움

도움

도움

도움

누구 하나라도 없으면 성공할 수 없다

행운을 불러오는 우주의 계산

이 복숭아 동자 이야기에서 소원을 이루기 위한 중요한 메커니즘은 무엇일까?

복숭아 동자는 도깨비섬에 가서 도깨비를 물리치고 싶었다. 그래서 도깨비섬을 향해 길을 떠났다. 프롤로그에서도 이야기했지만 운의 흐름에 올라타려면 첫째 '바라는 쪽을 향할 것', 둘째 '바라는 쪽을 향해 움직일 것' 두 가지 조건을 충족해야 한다. 이 조건들을 충족했을 때 우주의 기운도 받을 수 있다. 다시 말해 두 가지 조건을 충족한 복숭아 동자는 행운을 자신의 편으로 만들어 개, 원숭이, 꿩을 부하로 삼을 수 있었던 것이다.

지금부터는 약간 내 억측인데, 할머니와 할아버지는 아마도 도깨비섬으로 가는 길에 수수경단을 좋아하는 개와 원숭이, 꿩이 살고 있다는 것을 처음부터 알고 있지 않았나 싶다. 게다가 제법 쓸 만한 녀석들이라는 사실도. 그렇지 않았다면 복숭아 동자 혼자 도깨비섬 같은 곳에 가게 내버려두지 않았을 것이다. 개와 원숭이, 꿩과 힘을 합치면 어떻게든 도깨비를 물리칠 수 있다는 것을 알았기 때문에 수수경단을 들려서 보낸 것이다. 하지만 복숭아 동자는 그 사실을 알지 못했다.

이 이야기에서 복숭아 동자가 도깨비를 물리칠 수 있었던 것은 운이 좋았기 때문이기도 하지만 동시에 그 운을 불러온 '우주의 계산'이 아주 정확했기 때문이라는 점을 알 수 있다. 이 이야기에서 정확한 계산을 한 우주란 과연 무엇일까? 바로 할머니와 할아버지이다.

소원 = 도깨비를 물리친다

운 = 개와 원숭이와 꿩을 만났다

우주 = 할머니, 할아버지

계산 = 섬으로 가는 길에 수수경단을 좋아하는 개, 원숭이, 꿩이 산다는 것을 알았다

소원을 이루려면 운이 중요하다. 하지만 운은 결코 우연이 아니라 우주의 계산에 따라 준비되는 것이다.

잘나가는 사업가에게 성공한 이유를 물어보면 흔히 "운이 좋아서"라고 말하곤 한다. 물론 사업에서 성공할 정도의 능력, 준비, 전략, 행동이 뒷받침되어 얻은 성과임이 틀림없다. 하지만 "운이 좋아서"라는 말 역시 거짓이 아닌 사실이다.

일이든 사랑이든 생각대로 진행되지 않는 경우가 흔하고, 도중에 위기에 처하는 일도 드물지 않다. 하지만 분명 운이란 존재하며, 도전해보지 않으면 그것을 알 수 없다. 과감하게 도전해 수많은 위기를 이겨낸 끝에 바라던 결과를 얻었을 때 자신의 힘을 초월한, 말 그대로 운이라고밖에 생각할 수 없는 거대한 존재의 도움을 받았다는 사실을 비로소 깨닫게 된다.

소원을 이루어주는 우주 방정식 'Y=aX+b'

행운을 이끄는 계산을 하는 주체인 우주란 무엇일까? 〈복숭아 동자〉에서 우주는 할머니, 할아버지였다. 우주는 모든 것을 알고 있고, 절대로 배신하는 법이 없다.

프롤로그에서 이야기한 무인 탐사선 뉴호라이즌호를 다시 기억해보자. 지구에서 48억km나 떨어진 명왕성에 한 치의 오차도 없이 도달한 것은 보통 사람은 이해하기 힘든 과학자의 계산이 있었기 때문에 가능한 것이었다. 소원이 이루어질 때도 마찬가지이다. 운이라고밖에 생각할 수 없는 사건이 일어나고 최종적으로는 정확히 실현에 도달하는데, 이 역시 소원이 이루어지기를 바라는 사람은 알 수 없는 우주의 계산 덕분이다.

계산 방법은 상당히 단순한데, 우리가 중학교 때 배운 다음의 방정식이 전부이다.

$$Y=aX+b$$

각 기호가 의미하는 것은 다음과 같다.

Y: 결과

a: 방향

X: 행동·에너지

b: 자원(자신의 원래 자질)

좀 더 이해하기 쉽게 수입으로 설명해보면 이렇다.

가령 현재 월 300만 원을 버는 사람이 월 500만 원을 벌고 싶어 한다고 치자. 이 사람은 원래 월수입이 300만 원이었으므로 b(자원)=300이다. 따라서 b에 a(방향)와 X(행동)를 더해 'Y(결과)=500'을 만들면 된다. 이때 '월수입 500만 원' 쪽으로 방향을 설정하는 것이 바로 a다. X는 행동인데, 이것은 제2장에서 자세히 설명하기로 하고, 일단 'X=100'이라고 해보자. 그러면 a가 얼마가 되어야 월수입 500만 원에 도달할 수 있을까?

이를 방정식에 대입해보면 다음과 같다.

$$500 = a100 + 300$$

월수입이 500만 원이 되려면 당연히 a=2가 된다. 그런데 만약 여기에서 a=1이면 어떻게 될까? 월수입은 400만 원에 그친다. 때로는 a=-1로 마이너스가 되는 경우도 있다. 지금까지 하던 대로 행동해도 바라보는 방향이 마이너스라면 월수입은 줄어든다. 그러므로 a=2가 되어야 하며 이렇게 하면 'Y=2X+300'이라는 방정식이 성립되어 지금까지 하던 대로 X=100으로만 행동해도 저절로 월수입 500만 원이 된다.

그렇다면 복숭아 동자가 도깨비를 물리친 것은 어떻게 설명할 수 있을까? a는 방향이므로 '도깨비섬을 향하는 것'이고, X는 행동·에너지이므로 '수수경단'이 된다. b는 '할머니와 할아버지 손에 자랐다' 정도로 볼 수 있으며, 복숭아 동자의 목표인 Y는 '도깨

월수입 500만 원이 되기 위한 a

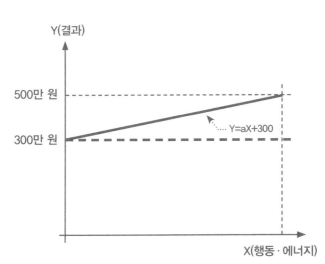

Y(결과)

500만 원

300만 원 ········· Y=aX+300

X(행동·에너지)

비를 물리치는 것'이다. 그리고 수수경단을 가지고 길을 떠나면 도중에 개와 원숭이, 꿩을 만나 도움을 받을 수 있고 도깨비를 물리치는 게 가능하다는 사실을 할머니와 할아버지는 미리 알아 이를 계산하고 있었다. 이것이 바로 '우주의 계산'이고 우주 방정식을 완벽하게 하는 조건이다. 이 우주 방정식은 노중에 무슨 일이 있어도 반드시 소원이 이루어지게 하는 법칙이다.

칠복신 덕분에 위기 탈출

우주 방정식에 대입하면 소원이 실현된다. 나의 경우를 예로 들어서 설명해보겠다.

2009년 9월의 일이다. 당시 나는 일이 없어서 현금 서비스까지 받아야 했는데, 어떤 사람을 만나면서 단숨에 월수입 1,000만

복숭아 동자가 도깨비를 물리칠 수 있었던 우주 방정식

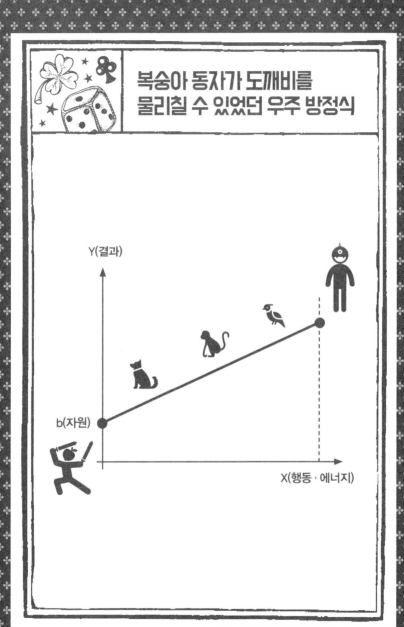

원을 넘게 되었다.

당시 내 소원은 프리랜서로 살아가는 것이었다. 일시적으로 형편이 좋을 때도 있었지만, 2009년 7월 즈음에는 세미나와 코칭 일이 너무 저조해서 모아놓은 돈이 점점 줄어들고 있었다. 결국 집세조차 낼 수 없는 처지가 되어 현금 서비스로 800만 원을 받았다. 그때 문득 '4개월 만에 월수입 1,000만 원을 넘은 남자' 이야기가 머릿속에 떠올라 지푸라기라도 잡자는 생각으로 그것을 실현할 수 있는 방법에 몰두했다.

그것은 《3개의 소원 100일의 기적》에서 자세히 설명한 방법인데, 간단하게 말하면 소원을 일정한 순서에 따라 100일 동안 꾸준히 쓰는 것이다. 그때 내가 할 수 있는 일은 이 방법을 실행하면서 세미나를 열어 사람들을 모으는 것뿐이었다.

목표는 '9월 매출 1,000만 원'으로 정했다. 목표를 달성하려면 2일 동안 여는 세미나에 총 50명 이상의 인원이 참석해야 한다. 하지만 8월에 세미나 개최를 고지한 뒤로 열흘이 지나도록 신청자는 겨우 2명뿐이었다. 이대로라면 인원을 채우기는커녕 개최 자체도 힘들 것 같았다.

어쨌든 100일 동안 그 방법을 계속하면서 한편으로 세미나를 열심히 여기저기 알리는 수밖에 없었다. 이와 동시에 신의 가호를 바라며 필생의 과업이었던 21일간의 폭포 수행을 시작했다. 8월 8일부터 시작해서 3주째로 접어드는 8월 22일, 수행하는 나의 모습을 바라보던 스님께서 이상한 말씀을 하셨다.

"지금 자네의 폭포를 보고 있자니 문득 '7'이라는 숫자가 떠올랐네. 왜일까? 우선 7이라고 하면 칠복신이 연상되니 남은 일주일 동안 칠복신의 진언(眞言)을 일곱 번씩 외우게."

스님은 어려서부터 영적 기운이 많은 사람이었는데, 그래서인지 이처럼 이상한 소리를 종종 하셨다. 잘은 모르지만 스님의 말씀은 순수하게 따르는 것이 수행의 규칙이었다.

스님께서는 이런 말도 덧붙이셨다.

"칠복신은 바다 저편에서 부를 가져다주니 생각 한쪽에 잘 기억해두게."

그날, 폭포 수행을 마치고 돌아오는 차 안에서 나는 동승한 남성과 자연스럽게 이런저런 이야기를 나누었다.

"이제 뭐 하실 건가요?"

별생각 없이 건넨 질문에 그는 이렇게 대답했다.

"아베 도시로(阿部敏郎) 씨 강연회에 가려고요."

"아베 도시로 씨요? 그분 블로그 하는 사람이죠? 인기 많은. 나도 한번 가볼까?"

나는 내친김에 예약도 하지 않은 채 곧바로 아베 씨의 강연회에 참석했다. 강연은 생각 이상으로 재미있었다. 마지막에는 그에게 직접 질문도 했고, 집으로 돌아와 내 블로그에 감상을 적기도 했다. 아베 씨는 내 질문이 마음에 들었는지 각지에서 강연을 할 때마다 내가 마지막으로 던진 질문을 화제로 삼곤 했고, 아베 씨의 한 팬이 내 블로그 글을 그에게 소개해주기도 했다. 그러자 놀랍게도 하루 수만 명이 찾는 아베 씨의 블로그에서 내 블로그를 크게 소개해주었다. 말할 것도 없이 내 블로그 접속자도 단숨에 급증했다. 그리고…… 정신을 차려보니 내 세미나에 사람들이 가득 차 있었다!

"아베 씨 고마워요!"

그러던 어느 날 문득 이런 생각이 떠올랐다.

'혹시 아베 씨가 바닷가 출신 아닐까? 칠복신은 아니지만 틀림없이 바다 저편에서 내게 다가와 부를 가져다준 걸 거야. 스님 말씀대로!'

이 이야기를 블로그에 썼더니 한 독자가 이런 댓글을 달았다.

"예전에 아베 씨가 '칠복신'이라는 밴드를 프로듀싱하셨대요."

지금은 아베 씨가 명상 분야의 작가이자 강연가로 활동하고 있지만, 예전에는 연예계에서 많은 히트작을 만들어낸 능력이 뛰어난 프로듀서였다는 것이다. 스님께서 7이라는 숫자를 보고 갑자기 칠복신의 진언을 외우라고 하신 그날, 내게 칠복신이 정말로 찾아온 것이다.

그때 내 소원은 9월에 월수입 1,000만 원을 넘기는 것이었다. 당시 장남이 막 태어났는데, 생활이 상당히 궁핍했다. 우주 방정식 'Y=aX+b'에 이때의 상황을 대입해보면 이렇다.

a(방향)는 월수입 1,000만 원과 그 방법으로 확실하게 정했다.

X(행동)는 세미나 홍보와 폭포 수행. 이를 위해 실제로 열심히 움직였다.

b(자원)는 현시점에서의 자원이므로 세미나를 개최한다는 사실이라 할 수 있다.

결과적으로 월수입 1,000만 원은 실현되었다. 복숭아 동자가 도깨비섬으로 가는 길에 개와 원숭이, 꿩을 만났듯이 나도 칠복신을 만난 것이다. 지금 돌이켜보면 그것은 처음부터 정해져 있던 '우주의 계산'이었다.

우주에서 보내오는 두 가지 신호

복숭아 동자에게 도움을 준 개, 원숭이, 꿩 그리고 내게 힘을 준 칠복신(다시 말해 아베 도시로)은 우주 방정식에 정확히 맞아떨어졌다. 언뜻 우연처럼 보이지만 사실은 방정식이 성립된 시점에 이미 만남이 정해져 있었던 것이다. 이처럼 우연이라고밖에 생각할 수 없는 의미 있는 만남, 이것이 '신호'라고 할 수 있다.

지금 생각하면 정말로 운이 좋았다. 성공한 사람 가운데 자신의 성공 이유를 "운이 좋아서"라고 말하는 사람이 많은데, 나 역시 마찬가지이다. 소원이 이루어질 때 거기에는 반드시 운이 따른다. 그리고 이렇게 운이 따를 때는 반드시 신호를 받는다.

그렇다면 이 신호는 어떤 메커니즘으로 작동하는 것일까? 소원을 이루기 위해 의도적으로 신호를 끌어당기는 것이 과연 가능

할까? 사실 칠복신 이야기는 수많은 사례 중 하나에 지나지 않는다. 최근 10년 동안 실제로 나는 신호를 받음으로써 많은 소원이 이루어지는 경험을 했다.

먼저 신호에는 두 종류가 있다는 사실을 알아야 한다. 하나는 '싱크로(synchronicity, 우연의 일치)'이고, 또 하나는 '번뜩임(영감)'이다.

싱크로는 '의미 있는 우연의 일치'를 뜻한다. '전화를 걸어야겠다고 생각한 순간, 상대방이 전화를 한다' '카페에서 다른 테이블에 앉은 사람과 똑같은 책을 읽고 있다' '하루에 몇 번씩 똑같은 심벌이 눈에 띈다' 등과 같은 일치가 싱크로인데, 누구나 한 번쯤 이와 비슷한 경험을 했을 것이다.

스님이 칠복신 이야기를 한 그날, 바다 건너에서 칠복신이라는 밴드를 프로듀싱한 인물을 만났고, 그 만남이 계기가 되어 소원이 이루어진 것도 분명 싱크로의 사례라고 할 수 있다.

내면에서 솟구치는 '하늘의 목소리'

그렇다면 번뜩임이란 무엇일까? 싱크로가 주로 외부에서 오는 신호라면, 번뜩임은 내면에서 나오는 신호이다. 예를 들어, 일본을 대표하는 가수 도쿠나가 히데아키(德永英明)는 중학교 2학년 때 학교를 마치고 집에 오는 길에 강가 모래밭을 걷다 문득 이런 목소리가 들렸다고 한다.

"너는 가수가 될 거야."

이상하리만큼 강렬한 그 말에 이끌려 부모님께 기타를 사달라고 한 그는 학교 숙제로 쓴 시에 멜로디를 붙여서 곡을 완성했다. 그것이 가수로서 경력을 쌓기 시작한 출발점이었고, 지금도 콘서트에서 그 곡을 부른다고 한다. 이 이야기는 그가 텔레비전 프로그램에 나와서 직접 이야기한 것인데, 그렇다면 "너는 가수가 될 거야"라는 말은 대체 누가 했을까? 그는 텔레비전 프로그램에서

"미래에서 온 내 목소리인 것 같다"고 말했지만 물론 근거는 없다. 단지 말할 수 있는 것은 "너는 가수가 될 거야"라는 소리가 내면에서 들렸고, 그 말에 따라서 가수의 인생이 시작되었다는 것이다. 아무런 이유도, 근거도 없다. 그저 갑자기 들렸을 뿐이다.

나도 이와 비슷한 경험을 여러 번 했다.

2005년 3월 14일, 차를 운전하며 거래처에 가는 길에 갑자기 "이제 회사를 그만둬야겠어"라는 목소리가 들렸다. 너무나 강렬한 내면의 목소리를 듣고 '신에게 한번 물어봐야지' 하는 생각을 하며 빨간불에서 멈춰 섰는데, 마침 쓰쿠바 신사 앞 사거리였다. 그야말로 싱크로였다. 약속 시간보다 30분쯤 늦겠다고 거래처에 연락한 뒤, 신사에 들어가 '동전을 던져 앞면이 나오면 퇴직하겠다'고 마음먹고 동전을 던졌더니 정말로 앞면이 나와버렸다. 그날로 나는 사직서를 제출했다. 그 후 내 독립 커리어가 시작되었는데, 결정적 계기가 된 것이 바로 내면에서부터 솟구친 "이제 회사를 그만둬야겠어"라는 갑작스러운 목소리였다.

여기서 오해하지 말아야 할 것은 나도, 어쩌면 도쿠나가 씨도 어떤 초월적 존재가 물리적으로 내는 초자연적인 귓속말을 들었다는 뜻이 아니라는 사실이다. 마치 하늘의 목소리인가 싶을 정도로 강력한 메시지가 내면에서 솟구쳤을 뿐이다.

세상은 의식·잠재의식·초의식으로 이루어져 있다

과연 그 하늘의 목소리는 어디에서 오는 것일까? 다시 말해 번뜩임과 싱크로로 나타나는 신호는 누가 보내는 것일까? 결론부터 말하면 신호는 '우주=초의식'에서 온다.

우리가 사는 세상은 3층 구조로 이뤄져 있다. 바로 51쪽의 그림에서 말하는 '의식·잠재의식·초의식'의 구조이다. 지구상의 72억 명 인류는 이 그림 하나로 정리된다.

의식계

의식 세계를 지배하는 것은 '말'이다. 사람 사이의 소통도 모두 말을 매개로 이루어진다. 누군가 기분이 어떠냐고 묻는다면 좋다거나 나쁘다는 말로 대답할 수 있다. 그러나 당연한 소리지만 말은 매우 한정된 소통 수단이다. 가령 '설탕'을 말로 설명한다면 '달다'거나 '하얗다'는 식으로 표현할 수 있지만 '달다'를 말로 어떻게 설명할 수 있을까? 설탕을 모르는 사람에게 '달다'의 의미를 알려줄 표현이 있을까? 그보다는 일단 설탕을 먹여보는 쪽이 훨씬 빨리 그 의미를 이해시킬 수 있다. 이처럼 말이란 매우 불완전한 소통 도구이다.

잠재의식계

의식 세계와 달리 잠재의식 세계를 지배하는 것은 '감각'이다. 설탕의 단맛도 감각으로 이해할 수 있다. 가령 "기분이 어때?"라고 말로 묻지 않아도 상대방의 기분을 알 수 있는 경우가 많다.

말문이 트이지 않은 아기와 엄마 사이의 의사소통도 마찬가지이다. 엄마는 아기의 미묘한 변화를 감각으로 알아차려 몸 상태나 기분을 파악한다. 열도 없고 겉으로 보기에는 특별히 눈에 띄는 점이 없지만 '왠지 이상하다'는 느낌이 들어서 소아과에 갔다가 큰 병을 초기에 치료했다는 이야기를 종종 들을 수 있다.

이처럼 감각으로 이루어지는 소통은 부모 자식뿐만 아니라 부부와 친구 등 가까운 관계는 물론, 완전히 처음 만나는 사람 사이에서도 자주 일어난다. 첫 대면인데도 '그냥' 아는 것이다. 이 사람은 신뢰할 수 있을까, 정직할까, 해가 되지 않을까……. 이것을 아는 감각은 많은 사람을 만나는 경험을 통해 연마할 수 있다.

내 지인의 이야기이다. 단순한 감기 증상이 있어 병원에 갔고, 진찰 결과도 분명 감기였다. 그런데 베테랑 의사는 어딘가 이상하다고 느꼈는지 정밀 검사를 권했다. 결과는 놀랍게도 혈액암이었다. 조기에 발견한 덕분에 지인은 바로 치료를 받아 완치할 수 있었다. 만일 그 의사가 감각을 믿지 않고 단순히 진찰 결과에만 의존했다면 돌이킬 수 없는 상황에 처했을지도 모른다. 베테랑 의사의 감각이 환자의 숨어 있는 정보를 읽어낸 것이다.

무속인 같은 특별한 능력을 지닌 사람들도 그들만의 예민한 감각으로 처음 만나는 사람의 정보를 읽어낸다. 그것은 결코 초자연적 능력이 아니라, 엄마가 아기의 상태를 알아차리는 것과 같은 감각이라고 할 수 있다.

감각을 깨끗하게 잘 닦을수록 취할 수 있는 정보가 폭넓어져 자기 자신에게서 옆 사람으로, 그리고 세계 전체로 확장된다. 감각은 경우에 따라 예지나 예언으로까지 발달할 수 있는데, 실제로 세상에는 그에 관한 일화가 많이 존재한다. 세계는 잠재의식으로 모두 이어져 있기 때문이다.

초의식계

초의식이란 무엇인가? 사실 초의식과 유사한 말은 주위에서 매우 많이 찾아볼 수 있다. '신(부처, 예수, 알라 등)' '우주' '천사' '수호신' '영혼' '일체(oneness)' '상위 자아(higher self: 마음의 흐름에 영향을 받지 않는, 좀 더 높은 곳에 자리한 참된 자아. 인간 의식의 한 부분-옮긴이)' '아카샤 기록(akashic records: 공간의 기록이란 뜻으로, 우주 안 모든 것의 움직임이 우주 공간akasha 자체에 기록된다는 것-옮긴이)' 등이 그것이다. 종교나 문화, 개인에 따라 부르는 명칭은 다양하지만 인간이나 현세를 초월한 존재라는 점은 모두 공통적이다.

잠재의식 세계에서는 한 사람 한 사람이 서로 '이어져 있다'고 표현할 수 있다. 그렇다면 초의식 세계에서는 어떨까? 초의식 세계는 이어짐 그 자체를 초월해서 완전한 하나로서 '그저 있는 것'이라고 표현할 수 있다. 이는 우주의 정보 그 자체라고 해도 좋으며, 무한의 영감으로 가득 찬 세계이다.

역사상 천재라고 불리는 인물들은 그들이 살던 당대의 상식에서 동떨어진 발상을 하곤 했다. 그러한 정보들은 모두 초의식에서 비롯한 것이다. 에디슨이 말한 "천재는 1%의 영감과 99%의 땀으로 완성된다"에서 그 1%의 영감이 바로 초의식에서 온 정보라고 할 수 있다. 그러한 정보는 특별히 천재만이 누리는 특권은 아니다. 우리 한 사람 한 사람이 모두 '하나'로서 메시지를 받는다. 그것이 바로 신호이다. 도쿠니가 히데아키의 "너는 가수가 될 거야"라는 마음속의 말이나, 나의 "이제 회사를 그만둬야겠어" 같은 갑작스러운 내면의 목소리도 분명 초의식에서 보낸 신호인 것이다.

잠재의식은 어머니, 초의식은 아버지

"당신이 무엇인가를 간절히 바라면 온 우주가 협력해서 그것을 실현할 수 있게 도와준다."

의식·잠재의식·초의식의 구조

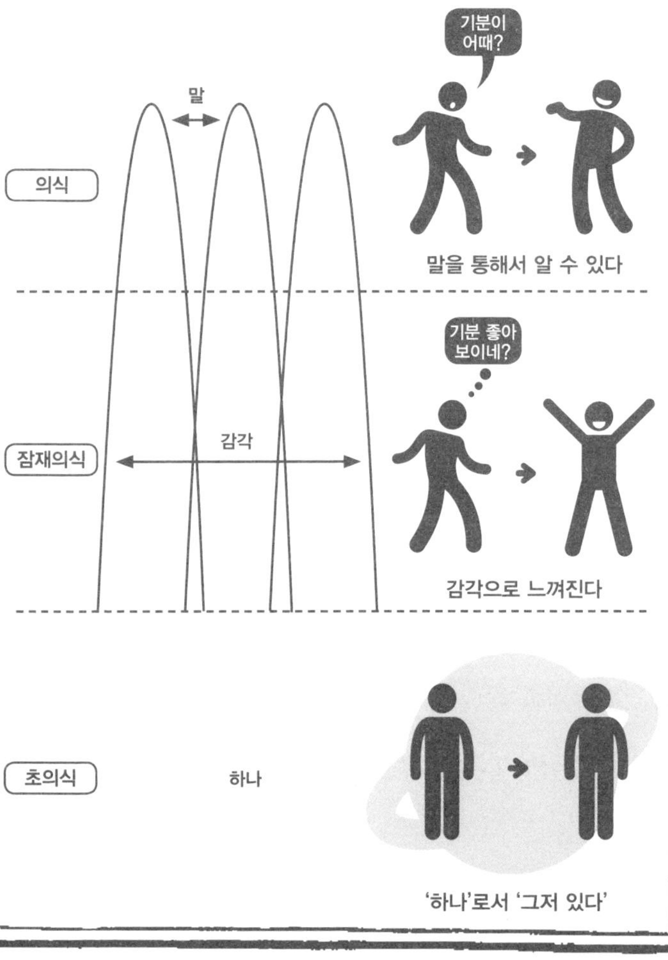

파울루 코엘류의 《연금술사》에 나오는 말이다.

여기서 '온 우주의 협력'이라고 부르는 것이 바로 초의식이 보내는 신호이다. 그러면 초의식 세계로 한 걸음 더 들어가보자. 이를 위해서는 의식과 잠재의식의 관계도 조금 더 자세히 알아볼 필요가 있다. '의식' '잠재의식' '초의식'의 관계는 각각 '자식'과 '어머니' '아버지'의 관계와 매우 비슷하다.

나는 대학 마지막 학기를 마친 뒤 아홉 달 동안 세계를 떠돌며 여행을 했는데, 사실 그것은 취직에 유리한 '졸업 예정자'라는 카드를 버리는 꼴이었다. 여행을 한다고 반드시 뭔가를 얻는 것도 아니고, 오히려 주류 인생에서 벗어날 위험이 더 컸다. 그래서 내 미래를 염려한 어머니는 여행을 말렸다. 가능하면 그런 모험은 하지 말고 안전한 길을 택해 순조롭게 살아가기를 바랐다. 물론 그것이 일반적인 부모의 마음일 것이다.

반면 아버지는 내 결단에 아무런 반대도 하지 않으셨다. 오히려 적극적으로 여행을 권하는 것처럼 말씀하셨다. 그러자 어머니는 아버지에게 불평을 쏟아냈다. "소중한 아들 앞길 망치는 소리 좀 그만해요"라고. 이치에 맞는 어머니의 주장에 아버지는 입을 다물 수밖에 없었다. 결국 나는 어머니의 반대를 무릅쓰고 여행을 떠났는데, 만일 그때 아버지까지 반대하셨다면 실행에 옮기지 못했을지도 모른다.

여행을 마치고 돌아온 나는 상당히 힘든 시간을 보냈다. 취직을 못 해서 자발적 실업자가 되었고, 간간이 아르바이트를 하거나 한 달에 고작 120만 원 정도 받는 계약 직원이 되어 빈곤 노동자로 혹사당했다. '여행을 떠나는 대신 평범하게 취직을 했더라면……' '어머니 말씀을 들을 걸 그랬나?' 한때 이런 생각을 하기도 했으나, 지금 와서 돌이켜보면 그 여행 덕분에 지금의 내가 있는 것 같다.

나의 이 이야기에서 의식과 잠재의식, 초의식의 관계를 읽을 수 있다.

- 의식＝자식: 순수하게 바란다.

- 잠재의식＝어머니: 자식의 안정을 바라는 마음으로 제동을 건다.

- 초의식＝아버지: 자식의 성장을 위해 신호를 보낸다.

조금 더 알기 쉽게 의식, 잠재의식, 초의식을 자식, 어머니, 아버지로 의인화해서 또 다른 시나리오로 각색해보자.

자식 "어머니, 회사 그만두고 제 사업을 할까 해요."

어머니 "무슨 소리니? 모처럼 좋은 회사에 취직했는데! 사업한다고 잘된다는 보장도 없잖니. 회사를 그만두면 주택 담보대출도 못 받을 텐데, 결혼해서 아이라도 생기면 어쩌려고? 불안정한 수입으로 가족을 부양할 수 있겠니? 지금 다니는 회사에 그냥 있는 게 훨씬 나으니 바보 같은 생각은 하지도 마."

자식 "물론 그건 그렇지만……. 저도 하고 싶은 일이 있다고요."

어머니 "어떻게 하고 싶은 일을 다 하면서 사니. 당신도 뭐라고 말 좀 해봐."

아버지 "네 말이 맞다. 네 인생, 네가 사는 거야. 창업하는 것도 괜찮아."

어머니 "아니, 당신! 당신까지 그런 소리를 해. 당신 인생 아니라고 쉽게 말하기야? 쟤 창업하면 당신이 돌봐줄 거냐고. 책임지지 못할 소리는 하지도 마."

아버지 "그건 그렇지만…… 나는 그저……."

어머니 "그저 뭐! 뭐가 불만이야? 대학 나와서 좋은 회사에 취직해 이제야 나도 마음 편하게 지내는데, 애 마음 들쑤시는 소리 하지 마."

아버지 "아니, 그래도……."

어머니 "됐다, 이 얘기는 그만하자. 회사 그만두면 다시는 엄마 얼굴 못 볼 줄 알아!"

자식 "아, 네……."

자식은 단순히 바라는 존재. 하지만 어머니는 자식을 보호하고, 잘되라는 마음에 모험을 반대한다. 자식은 어머니 말도 맞다고 생각해서 어머니 의견을 따를 때도 많다. 반면, 아버지는 자식을 강하게 키우고 싶어서 오히려 모험을 권하기도 한다. 다만 어머니와 아버지가 언쟁을 하면 아무래도 어머니 쪽이 말을 잘하기 때문에 아버지는 입을 다물어버리는 경우가 많다.

이 스토리를 의식, 잠재의식, 초의식으로 대입해보면, 우선 의식은 말로 소원을 빈다. 위의 대화에서 '창업하고 싶다고' 말하는 것처럼. 그러면 잠재의식은 창업 같은 위험한 일은 하지 말라며 필사적으로 제동을 건다. 의식은 맞는 말이라 생각하며 망설인다. 그리고 많은 경우, 다시 안정된 상태로 지내다가 무의식중에 공상할 때가 있다. '아, 창업하면 훨씬 수입도 좋고 시간도 자유로워서 사는 게 즐거울 텐데'라고. 그러다가 이따금 창업에 관한 정보를 듣거나 실제로 창업에 성공한 사람을 만나기라도 하면 다시 창업 쪽으로 감각이 쏠리는데 이것이 초의식의 신호이다.

초의식이 신호를 보내면 마음이 술렁이기 시작한다. '창업해버릴까?' 하는 생각에 사로잡히는 것. 하지만 하룻밤 자고 나면 다시 잠재의식의 힘이 커져서 창업 같은 꿈은 접는 게 좋다며 안정 쪽으로 마음이 기운다. 초의식의 신호는 이렇듯 잠재의식에 의해 지워진다.

이렇게 보면 잠재의식은 마치 꿈을 파괴하는 악당 같지만, 꼭 그렇지만도 않다. 잠재의식은 무엇보다 안심과 안전을 추구하기 때문에 위험한 일은 벌이고 싶지 않은 것이다. 다시 말해 잠재의식 나름의 깊은 사랑으로 변화에 제동을 걸어버리는 것이다. 모르는 사람을 만났을 때도 제일 먼저 상대방이 내게 안전한 존재인가, 위험한 존재인가에 반응한다. 그리고 그것은 '나도 모르게' 저절로 알게 된다.

가령 지하철 안에서 모르는 남성이 웃통을 벗은 채 넥타이만 매고 앉아 있으면 아무리 지하철이 붐벼도 그 사람 옆에는 절대로 앉고 싶지 않을 것이다. 그 사람이 가만히 있어도 겉모습만으로 위험하다고 느끼기 때문이다. 반대로 지인이나 자주 보는 사람, 이른바 마음을 놓을 수 있는 사람에게는 경계를 늦춘다. 이처럼 잠재의식이 하는 일은 처음부터 끝까지 안심과 안전을 지키는 것이라고 이해하면 된다.

이에 반해 초의식은 설령 안전한 영역을 벗어나더라도 성장으로 이끄는 일을 한다. '현재 상황'이라는 안전한 영역을 뚫고 나가지 않고서는 성장하기 어렵다. 소원을 이루려면 변화해야만 한다. 월수입 300만 원이 500만 원이 되는 것도 변화이고, 독신인 사람이 결혼하는 것도 변화이며, 회사를 그만두고 창업하는 것도 변화이다. 변화하려면 나름대로 힘든 일도 있지만 또 그런 과정을 통해 성장하는 것이다. 성장을 돕기 위해 신호를 보내는 것이 바로 초의식이다.

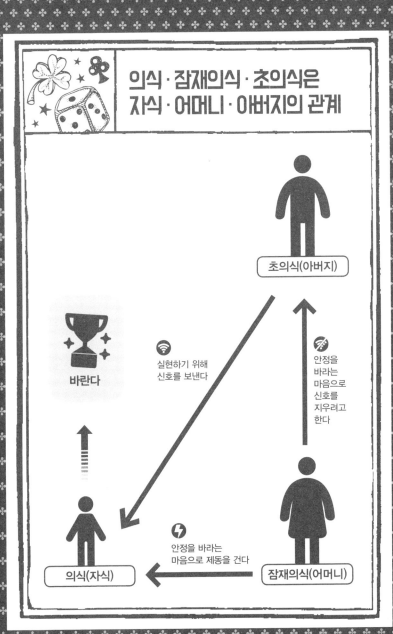

신호를 받는 사람, 신호를 놓치는 사람

복숭아 동자의 할아버지, 할머니는 복숭아 동자의 능력을 믿었기 때문에 혼자서 도깨비섬으로 가는 것을 허락했다. 도중에 민날개, 원숭이, 꿩의 존재를 알았기 때문에 더욱 그럴 수 있었다.

복숭아 동자는 제일 먼저 개를 만났다. 개는 수수경단을 먹고 싶어 했다. 복숭아 동자가 비범한 것은 이때 자신의 중요한 에너지원인 수수경단을 개에게 주었다는 점이다. 아깝다고 생각할 수도 있었지만 과감하게 주었고 개를 부하로 삼았다. 개가 쓸모 있기는커녕 자칫 거치적거릴 수도 있을 것 같은데 말이다.

그런데 바로 이 점이 소원을 이루는 사람과 이루지 못하는 사람의 차이이다. 다시 말해 초의식의 신호를 받는 사람과 받지 못한 사람의 차이. 물론 처음부터 초의식이 보내는 신호라는 것을 알면 누구나 그 신호를 받을 것이다. 하지만 안타깝게도 그것은 좀처럼 알기 어렵다.

개가 수수경단을 달라고 했을 때, 그 개가 앞으로 도움이 될지 장애물이 될지 당장은 알 수 없다. 그런 이유로 많은 사람이 신호를 놓쳐버린다.

도쿠나가 히데아키는 "너는 가수가 될 거다"라는 초의식의 신호를 알아차렸다. 하지만 그때 '설마, 내가 무슨 노래를 해'라고 생각했다면 지금의 그는 없을 것이다. 나도 "이제 회사를 그만두어야겠어"라는 초의식의 소리를 무시하고 고생스러워도 매달 꼬박꼬박 월급이 나오는 회사에 붙어 있었다면 지금의 나는 없었을 것이다. 폭포 수행을 마치고 돌아오는 길에 "아베 도시로 씨 강연에 가려고요"라는 목소리를 무시했다면 역시 지금의 나는 없었을 것이다.

돌이켜보면 수많은 신호가 퍼즐 조각처럼 딱딱 맞아떨어져서 바람직한 현실을 만들었다. 만일 하나라도 무시했다면 지금과는 완전히 다른 모습이 되었을 것이다. 이렇게 말하면 성공했으니까 이제 와서 좋은 쪽으로 해석하는 거 아니냐고 생각할지도 모르겠다. 하지만 정말로 중요한 것은 '지금부터 소원을 이루는 것' 그리고 '소원을 이루어주는 신호를 받는 것'이다. 그렇다면 어떻게 해야 신호를 제대로 알아차리고, 잘 받을 수 있을까? 지금부터 그 이야기를 하려고 한다.

소원을 이루려면 우선 소원을 명확히 해야 한다. 그것을 도와주는 것이 '소원을 이루는 우주 방정식(Y=aX+b)'이다. 우주 방정식은 소원을 명확히 정하고, 그것을 강하고 선명하게 이미지화함으로써 성립한다. 여기서 기억해야 할 점은 잠재의식과 초의식의 관계이다.

신호는 초의식에서 온다. 그런데 잠재의식은 사사건건 초의식의 신호를 지워버린다. 잠재의식은 성장보다는 지금까지 하던 대로 안전하고 안정되게 살기를 바라기 때문이다. 다시 말해 잠재의식과 초의식은 대체로 대립한다. 하지만 우리는 알아야 한다. 초의식은 늘 우리를 성장시키고 싶어 한다는 사실을, 그래서 싱크로나 번뜩임을 통해 끊임없이 신호를 보낸다는 것을.

신호의 정체는 술렁임

어떻게 하면 신호를 제대로 알아차리고 빠르게 실행으로 옮길 수 있을까?

2013년 12월, 오사카에 사는 한 경영 컨설턴트와 한잔하고 있을 때였다. 무슨 바람이 불었는지 그가 갑자기 이런 말을 꺼냈다.

"이시다 씨도 R-1 그랑프리에 나가보는 게 어때요?"

'R-1 그랑프리'는 방송사에서 개최하는 일본 최고의 개그 콘테스트였다. 전문 연예인이 아니라도 원서만 제출하면 누구나 출전할 수 있다. 그때는 "에이, 말도 안 돼요"라며 그 자리에서 거절했지만 왠지 자꾸만 신경이 쓰였다. 다른 이야기로 옮겨간 뒤에도 계속 마음에 남았던 것이다. 웬일인지 마음의 '술렁임'이 사라지지 않았다.

집으로 돌아와서 자료를 찾아보니 마침 참가자를 모집하는 중이었다. 이 술렁임을 어떻게 설명하면 좋을까? 이것을 지우려면 어떻게 해야 할까? 결국 나는 '에라 모르겠다!' 하는 마음으로 응모 원서를 제출하고 말았다. 그러자 술렁임은 깨끗이 사라졌지만, 그날부터 실제로 출전하는 날까지 구역질이 날 정도로 극심한 스트레스를 받았다.

해가 바뀌고 1월, 대회에 출전할 이야깃거리를 만들어서 사람들 앞에서 시연했는데, 그 순간 내 안에서 무엇인가가 박살 나는 듯한 느낌이 들었다. 나 스스로 한계를 짓고 있던 무엇인가가 완전히 부서지며 안전 영역을 무너뜨린 것이다. 그리고 '이제 나는 무엇이든 할 수 있다!' 하는 자신감이 생겼다.

그해는 정말로 멋진 1년이었다. 소원이 차례차례 이루어지고 내가 낸 책도 베스트셀러가 되었다.

"이시다 씨도 R-1 그랑프리에 나가보는 게 어때요?"

상대는 별생각 없이 이 말을 내뱉었을 것이다. 하지만 그 말을 들은 나는 술렁임을 숨길 수 없었다. 실제로 대회 날이 가까워지자 스트레스 때문에 진짜로 토해버리기까지 했다. 하지만 막상 출전해서는 신나게 까불며 떠들었다. 지금 생각해보면 처음의 술렁임은 틀림없이 초의식이 보낸 신호였다. 다시 말해 무언가가 신호인 경우 거기에는 술렁임이 있다. 술렁임은 잠재의식과 초의식의 마찰 때문에 생긴다.

만일 그때 "이시다 씨도 훌라댄스를 배워보면 어때요?"라는 말을 들었다면 아무런 반응이 없었을 것이다. 애초에 훌라댄스에는 관심이 없었으니까. 하지만 R-1 그랑프리는 달랐다. 원래 코미디 프로그램을 좋아하고, 세미나 강사로서 남 앞에 설 기회가 많은 만큼 웃음의 중요성을 늘 느끼고 있었기 때문이다.

지금 '코미디 대회'라는 말을 들은 여러분의 마음은 어떠한가? 만일 술렁임이 일었다면 믿거 있다고 생각해도 좋지만, 아무런 반응이 없다면 그것은 신호가 아니다. 그런데 홀라댄스라는 말에 마음이 술렁이기 시작했다면 그것은 신호이다. 이미 이야기했지만 신호에는 술렁임이 따른다. 그리고 술렁임은 잠재의식과 초의식의 마찰 때문에 생긴다.

내가 지금까지 신호라고 생각한 것에는 거의 모두 술렁임이 있었다. 회사를 그만둘 때도, 나만의 칠복신을 만날 때도, 취직하지 않고 여행을 떠날 때도. 싱크로이기도 했고 번뜩임이기도 했는데 지금까지도 뚜렷이 기억할 정도의 술렁임이 일었다. 잠재의식과 초의식의 마찰로 인해 마음이 뜨거웠던 것이다.

자명종 소리처럼 점점 커지는 신호

R-1 그랑프리에 나가보라는 말을 처음 들었을 때 내 마음은 이미 강렬하게 술렁댔고, 그 단 한마디의 말을 곧바로 실행에 옮겼다. 하지만 마음의 술렁임을 느낄 때 다른 일에도 이런 느낌이 들었을지 모른다는 생각에 보통은 한 번에 확신을 갖지 못하는 경우가 많다. 그러나 같은 말을 여러 번 듣는 싱크로를 경험하면, 그것이 점차 강한 술렁임이 되는 경우가 많다.

내 친구 한 명은 지방에서 어긋난 뼈를 바르게 맞춰주는 접골원을 개업했다. 솜씨도 뛰어나고 환자들 사이에 신뢰도 높았지만, 처음 문을 열었을 당시에는 월수입이 100만 원에도 미치지 못했다. 그는 정말로 하고 싶은 시술이 있어도 하지 못할 때가 많았다. 그렇게 하면 비보험 진료가 되기 때문이었다. 비보험 진료는 건강보험을 적용받을 수 없어 환자에게 그만큼 부담이 된다.

그러면 환자가 줄 것이고 접골원 운영도 점점 어려워질 수 있는 것이다. 딜레마였다. 그러던 중 여러 사람에게 이런 말을 들었다고 한다.

"아예 비보험 진료로 전환하시면 어때요?"

짧은 기간에 서른 번쯤 똑같은 소리를 계속 들으니 그 말이 머릿속을 떠나지 않았다. 갈등하느라 잠을 못 이룰 때도 있었다. 다시 말해 술렁임이 마치 자명종 소리처럼 점점 커졌던 것이다. 마지막으로 '거역할 수 없는 사람'한테까지 그말을 듣자 결단을 내리는 수밖에 없었다.

마침내 그는 비보험 진료로 새롭게 출발했다. 그 후 순식간에 환자가 급증했고, 결과적으로 보험 적용 진료만 하던 시절에 비해 매출이 10배나 늘었다고 한다.

같은 소리를 여러 번 듣는 것은 분명히 싱크로인데, 그것이 초의식의 신호일 때 술렁임은 반드시 커지게 마련이다. 번뜩임이든 싱크로든 그것이 초의식이 보내는 신호라면 술렁임은 명확한 시그널을 보낸다.

생각해보면 복숭아 동자도 개와 원숭이, 꿩을 보았을 때 술렁임이 일었을 것이다. 멧돼지나 뱀에게는 술렁임이 없었지만 녀석들에게는 술렁임이 있었기에 그들과 함께했을 것이다. 나였다면 멧돼지를 데리고 갔겠지만 복숭아 동자는 그렇게 하지 않았고, 그래서 도깨비를 물리칠 수 있었다.

그렇다면 지금 이 순간, 여러분은 무엇에 마음이 술렁이는가?

"○○하면 좋겠다"라는 말을 스스로에게 던져보자. '○○'에 딱 들어맞는 말을 넣을 만한 일이 한두 가지쯤은 있을 것이다. 다음과 같은 것을 예로 들어볼 수 있다.

● 친구에게 빌린 것을 돌려주지 않았다.

● 사실은 고마운데 자존심 때문에 "고맙다"는 말을 하지 못했다.

● 방이 엉망진창인데 그냥 안 치우고 산다.

- 한참 전부터 인도가 나를 부르는데 갈 용기를 내지 못하고 있다.

- 언제든 응모할 수 있게 소설을 완성해두었는데 떨어질까 두려워서 망설이고 있다.

- 복싱을 배우고 싶은데 자꾸 핑곗거리를 찾아서 체육관에 가 보지도 않는다.

- 회사를 그만둘 때가 된 것 같은데 수입이 줄어들까 봐 그만두지 못한다.

- 결혼하고 싶은 사람이 있는데 청혼 타이밍을 잡지 못하고 있다.

- 몸이 좋지 않은데 바쁘기도 하고 무섭기도 해서 병원에 가지 않는다.

- 대화가 없는 남편과 이혼하고 싶은데 그냥 시간만 보내고 있다.

만일 "○○하면 좋겠다"라고 말했을 때 마음에 술렁임이 있다면 그것은 '변화=성장'의 신호라고 할 수 있다. 문제 해결이든 소망 실현이든 변화에 직면하면 반드시 술렁임이 찾아온다.

술렁임을 방치한 결과

마음의 술렁임을 처리하지 않고 방치해두면 어떻게 될까? 쓰레기 주위에 쓰레기가 더 쌓이듯 안 좋은 기운이 점점 퍼진다. 맑게 흐르던 물이 고이기 시작하고, 푸른 하늘에 검은 구름이 번지듯이…….

내가 초등학생이던 시절, 여름방학 때 있었던 일이다.

가족과 함께 바다에 놀러 갔는데, 우리가 묵은 여관에서 소라 음식이 나왔다. 난생처음 본 소라의 신기한 모습에 매혹된 나는 소라 껍데기가 너무나 갖고 싶었다. 그래서 알맹이를 다 먹은 뒤 껍데기 4개를 소중하게 싸서 집으로 가져왔다. 내 평생 최고의 보물이었다.

그러나 얼마 못 가서 소라는 골칫거리가 되었다. 제대로 씻지 않아서인지 소라 껍데기를 넣어둔 서랍에서 악취가 났기 때문이다. 모처럼 가져온 보물이라 버리지도 못하겠고, 그렇다고 서랍을 열어서 확인하는 것도 왠지 두렵기만 했다. 방학이 끝나 학교에 갔지만 서랍 속의 소라가 계속 신경 쓰여 수업 내용이 귀에 들어오지 않았다. 심지어 밤에도 잠을 잘 수가 없었다. 이쯤 되니 공부에도 놀이에도 집중할 수 없었고, 부모님께 야단맞는 일도 늘어났다.

'이게 다 소라 때문이야!'

이런 생각이 들었지만 소라를 버리는 일은 쉽지 않았다. 하지만 망설임 끝에 결국 큰맘 먹고 행동으로 옮기기로 했다. 소라를 버리기로 결심한 것이다! 마침내 용기를 내어 소라를 버리고 나니 마음이 가벼워졌다. 그리고 예전의 편안한 상태로 돌아왔다.

30년도 더 된 이야기인데 지금까지도 기억할 만큼 상당한 스트레스를 겪은 일이다.

지금 생각하면 어린 마음에 벌인 우스운 해프닝이지만 그저 웃어넘길 수만은 없다. 만일 지금 여러분의 머릿속에 너무나도 신경 쓰이는 일, 생각하고 싶지 않은 술렁임이 일고 있다면 그것은 틀림없이 소라가 옆에 있기 때문이다!

서랍 속 소라가 점점 골칫거리가 되듯이 여러분 안의 '소라=술렁임'도 점점 악취를 풍기며 좋은 기운을 빼앗을지 모른다. 하는 일마다 훼방을 놓고 발목을 잡을지도 모른다.

인생의 속도를 높이는 술렁임 정리하기

술렁임을 일으키는 것에는 두 종류가 있다. '해야 할 일=문제 해결'과 '하고 싶은 일=소망 실현'이 그것이다. 어쨌든 방치해도 되는 술렁임은 없다. 술렁임을 없애기 위해서는 결국 움직이는 수밖에 없다. 술렁임을 계속 끌어안고 사는 건 불편하고 부자연스러운 일이다.

곤도 마리에 씨는 저서 《인생이 빛나는 정리의 마법》에서 이렇게 말했다.

"정리를 하는 진짜 목적은 궁극적으로 자연스러운 상태에서 살기 위한 것이라고 생각한다. 하긴 설레지 않는 물건이나 필요 없는 물건을 가지고 있는 게 부자연스러운 상태가 아닐까? 설레는 물건만, 필요한 물건만 있는 상태야말로 자연스러운 상태이다. 그러니 정리를 함으로써 인간은 온전히 자연스럽게 살 수 있다."

이 책의 주제는 '방 정리'이지만, '마음의 정리'에서도 마찬가지로 적용되는 이야기이다. 다시 말해 가장 자연스럽고 나다운 삶은 마음의 술렁임이 정리된 삶이다.

해야 할 일과 하고 싶은 일을 정리해서 좀 더 나답고 자연스러운 상태로 만들면 인생 역시 명쾌해지고 좀 더 성장할 수 있다. 이를 위해서 이제부터 마음의 술렁임을 언어로 정리해보자. 우선 '글로 쓰는 것'부터 시작해보는 것이다. 마음의 술렁임을 글로 표현해 가시화함으로써 정리가 시작되고, 그것을 하나씩 실행하면 단숨에 인생에 가속도가 붙는다.

지금 바로 펜을 들고 79쪽의 차트에 내용을 적어보자.

돈, 사랑·결혼, 건강, 인간관계, 일·경력, 취미·필생의 목표라는 6개 부분에 '해야 할 일'과 '하고 싶은 일'을 구분해서 적어본다. 가령 '돈'에서 해야 할 일은 대출금 갚기, 가계부 쓰기, 불필요한 카드 해지 등을 들 수 있다. 또 하고 싶은 일로는 투자, 재테크와 관련한 책 읽기, 카드 신용 등급 올리기 등 여러 가지를 떠올릴 수 있다.

너무 깊이 생각할 필요는 없다. 머리에 바로 떠오르지 않으면 적지 않아도 된다. 펜을 들고 각 칸의 제목을 본 순간 머릿속에 딱 떠오른 단어나 문장을 쓰면 된다. 명사도 좋고 동사도 좋고 형용사도 좋다. 어쨌든 글로 써보자. 마음속에 술렁이는 잡동사니를 모조리 꺼내놓는다는 느낌으로 적어보자. 물론 완벽하지 않아도 되고, 나중에 떠오른 것을 추가해도 좋다. 우선은 지금 당장 생각난 것을 적으면 된다.

어떤가?

글로 쓴 순간 세상이 넓고 간결해진 느낌이 들지 않는가? 이것이 쓰기의 힘이다.

하지만 글로 정리한다는 것은 진정한 의미의 신호, 즉 우주의 목소리를 듣기 위한 준비일 뿐이다. 지금 6개 부분의 술렁임은 적는다는 데 의미가 있을 뿐, 당장 무언가가 이루어지는 것은 아니다. 그렇다면 복숭아 동자가 도깨비섬을 목표로 설정했듯이 여러분이 지금 가장 바라는 소원이나 해결하고 싶은 문제를 하나만 골라보자.

이 역시 일단 쓰기만 해도 된다. '소원을 이루어주는 우주 방정식($Y=aX+b$)'에서 a(방향)를 정하는 것이 목적이기 때문이다. 방향을 정해서 움직이기 시작하면 복숭아 동자가 도깨비섬으로 가는 길에 개, 원숭이, 꿩을 만난 것처럼 초의식이 보내는 신호를 받게 된다. 물론 앞에서 글로 쓴 여러 술렁임 중에 중요한 신호가 숨어있는 경우도 있는데, 그것은 그것대로 앞으로 더욱 선명해질 것이다.

성장을 독려하는 초의식의 신호를 만나면 아무래도 현상을 유지하고자 하는 잠재의식과 마찰이 생겨서 몸과 마음에 술렁임이

일기 시작한다. 그리고 그 술렁임을 행동으로 하나하나 처리해가
다 보면 소망의 실현은 더욱 빨라진다.

단, 신호는 언제 찾아올지 모른다. 실제로 아무리 기다려도 "신
호가 오지 않아서 행동으로 옮기지 못했다"고 말하는 사람도 있
다. 천천히 기다려도 되지만, 한시라도 빨리 소원을 이루고 싶은
사람을 위해 지금부터는 신호를 받는 세 가지 방법을 소개한다.

1. 스트레스를 활용한다.

2. 술렁임 중에서 심벌을 찾아낸다.

3. 솔직해진다.

답은 스트레스 뒤에 찾아온다

첫 번째로, 스트레스를 활용하는 방법에 대해 살펴보자.

마음의 술렁임을 가시화한다

	해야 할 일(문제 해결)	하고 싶은 일(소망 실현)
돈		
사랑 · 결혼		
건강		
인간관계		
일 · 경력		
취미 · 필생의 과업		

회사를 그만두고 2~3년쯤 지나 지금과 달리 하루하루가 마치 줄타기하듯 불안하던 시절, 나는 폭포 수행과 함께 한 달에 세 번 습관처럼 산에 올랐다. 다자이후시에 있는 호우만(宝満)이라는 이름의 산으로, 산속에서 노숙하며 수행하는 장소로서 오랫동안 이름난 산이었다. 해발고도 868m로 비교적 오르기 쉬워 보이지만, 급경사와 계단이 길게 이어져 정상까지 가려면 상당한 체력이 필요했다. 운동 부족인 사람은 도중에 포기하고 돌아가는 경우도 적지 않았다.

내가 그 산에 오른 이유는 바로 초의식이 보내는 신호를 받기 위해서였다. 정상까지 약 90분이라는 시간 동안 한 걸음 한 걸음 오르면서 '어떻게 해야 할까?'라고 스스로에게 계속해서 질문을 했다. 당시의 질문은 주로 돈에 관한 것이었다. '월말에 집세를 내려면, 세미나에 사람들이 많이 오게 하려면, 좀 더 매력적인 콘텐츠를 만들려면…… 어떻게 해야 할까?' 나 자신에게 마구 질문을 던지며 산에 올랐다.

글로 쓰는 것으로
신호 받을 준비 완료

술렁임을 글로 쓴다

신호를 받을 준비가 되었다

산에 오르면서 질문을 할 때 무리해서 답을 이끌어내려고 애쓸 필요는 없다. 힘겹게 정상에 도착하면 신선한 공기를 마시면서 마음을 내려놓는다. 상쾌한 기분을 만끽한 다음 다시 발밑만 신경 쓰면서 하산한다. 그러면 반드시 질문의 답, 다시 말해 신호를 받을 수 있다. 실제로 나는 이런 식으로 여러 번 위기에서 벗어날 수 있었다.

이 과정의 메커니즘을 간단히 정리하면 다음과 같다.

● 산에 오른다 : 스트레스

● 산에서 내려온다 : 릴랙스

스트레스가 릴랙스로 바뀌는 때가 소망 실현을 위한 신호를 받을 수 있는 가장 중요한 순간이다. 이때 궁극의 릴랙스를 경험할 수 있는데, 이를 '깨달음'이라고 부를 수도 있다. 스트레스를 받으면서 간절히 질문을 던지다가 릴랙스로 바뀔 때 답을 얻는 것이다. 릴랙스란 힘을 뺀 상태로, '내려놓다' 또는 '비우다'라고도 표현할 수 있다.

전작이던 《3개의 소원 100일의 기적》에서도 소망 실현의 보편적 메커니즘을 소개하면서 "숨을 멈춘 동안 소원을 이미지화한다. 그리고 숨을 내쉰다"는 방법을 언급했다. 이 역시 같은 이치를 활용한 것으로 이때 숨을 멈추는 것은 스트레스가 되고, 그후 숨을 내쉼으로써 릴랙스로 전환된다.

스트레스 상태에서 질문을 반복하면 마음이 릴랙스로 전환된 순간 '답'이 찾아온다. 그것은 느닷없이 찾아오는 번뜩임이다. 작은 산이 가까이 있으면 더할 나위 없이 좋고, 그렇지 못하다면 그저 걷는 것만으로도 충분하다.

《순수이성비판》이라는 책으로 유명한 독일의 철학자 이마누엘 칸트는 날마다 정해놓은 시간에 산책을 했다. 어쩌면 산책하는 동안 철학적 예지를 우주로부터 다운로드하고 있었는지도 모른다. 일본을 대표하는 철학자, 니시다 기타로(西田幾多郎) 역시 매일 같은 코스를 산책했는데, 지금은 그 길이 '철학의 길'이라는 관광 명소가 되었다. 등산이든 산책이든 무리하지 않는 범위 내에서 적당한 스트레스를 받음으로써 많은 사람이 번뜩임을 얻었다.

머리가 복잡할 때는 산에 오르거나 길을 걷자. 그리고 몸을 움직이는 동안 들리는 번뜩임의 목소리에 귀를 기울이자.

성공으로 이끌어주는 심벌의 발견

두 번째로 술렁임 중에서 심벌을 찾아내는 방법에 관해 이야기해보자. 이 방법은 조금 특별하게 느낄지도 모르겠다.

일본 미야자키현에는 아키모토(秋元)라는, 완전히 다른 세상 같은 신비로운 절이 있다. 어느 날 그 절을 찾아 조용히 명상에

잠겨 있을 때 갑자기 사업에 관한 고민이 떠올랐다.

'새로운 방향으로 나갈까, 아니면 그냥 지금 하던 대로 할까⋯⋯.'

명상을 마치고 눈을 뜨니 도마뱀 한 마리가 눈에 들어왔다. 녀석과 눈이 마주쳤다고 생각한 순간, 도마뱀이 내가 앉아 있던 발밑으로 쏙 숨어들었다. 그때 문득 폭포 수행에 도움을 주신 스님과 오키나와에서 만났던 한 무속인의 말이 떠올랐다.

스님께서는 "뱀은 풍요의 상징이라 재물을 가져다준다네"라고 말씀하셨고, 무속인은 "뱀을 만나면 재운이 상승하니 고마워해야 합니다"라고 말했다. 이 말이 떠오른 나는 도마뱀을 향해 "고맙습니다"라고 말하며 합장을 했다. 그러자 분명 발밑으로 숨어든 도마뱀이 흔적도 없이 모습을 감추었다.

일주일 뒤 전화 한 통과 함께 사업은 새로운 방향으로 급진전되었고, 그날 이후 도마뱀은 내게 행운의 상징이 되었다. 등산이나 산책할 때 도마뱀을 만나면 기분이 좋아져 두 손 모아 고맙다고 인사한다. 이처럼 특정 심벌을 보면 마치 초의식이 성공으로 이끌어줄 것 같은 느낌이 들고, 실제로 일이 잘 풀릴 수도 있다.

과연 어떤 것이 심벌이고, 어떻게 해야 그것을 만날 수 있을까? '감각(잠재의식)'을 이미지 세계에서 처리하는 간단한 방법으로 누구나 쉽게 심벌을 찾을 수 있다. 그리고 실제로 그것을 만날 수도 있다. 다음의 방법대로 한번 해보기 바란다.

① 소원을 명확히 하고, 그것이 이루어졌을 때의 이미지를 떠올리면 잠재의식이 '변화'를 알아차리고 몸 어딘가에서 술렁임이 일어난다.

② 술렁임을 몸에서 꺼내어 눈앞에 둔다고 상상한 다음, 오감을 동원해 술렁임의 색, 크기, 모양, 무게, 온도, 촉감, 냄새 등을 찾는다.

③ 술렁임을 상하좌우 어느 한쪽으로 회전시키는데 속도를 높이거나 늦추기도 하고, 방향을 이리저리 바꾸기도 한다. 그러

다가 마치 원심분리기로 돌리듯이 회전속도를 최대치로 높여 돌려서 술렁임을 산산조각 낸다.

④ 그 자리에 남은 심벌을 찾는다. 눈앞에 딱 보이는 것, 머릿속에 떠오른 것, 바로 그것이 심벌이다.

내 친구 중 한 명은 10년 전 투자한 것으로 먹고사는 자발적 실업자였다. 그러다가 자금이 다 떨어져서 부랴부랴 잠깐 동안 텔레마케터 아르바이트를 하러 갔는데, 사업장이 한가해서 옆 사람과 잡담만 했다고 한다.

한참 이야기를 나누던 중 "대학 졸업 학력이면 중국에서 일본어를 가르치는 교사를 할 수 있어요"라는 말을 들은 그는 왠지 해보고 싶은 마음이 들었고, 2주 뒤 정말로 중국으로 건너가 2년 동안 일본어를 가르치는 일을 했다. 자발적 실업자라 시간은 썩어 문드러질 만큼 많았기 때문이다. 그러다가 어느 날 중국에서 먹어본 고기 왕만두가 깜짝 놀랄 만큼 맛있어서 '귀국하면 고기 왕만둣집을 열어야지' 하고 갑자기 결심했다.

귀국 후 몇 가지 일을 하고 나서 마침내 고기 왕만둣집을 개업해야겠다고 마음먹었을 때 그는 조금 전에 내가 말한 방법을 순서대로 따라 했다. 그 결과 나온 심벌은 '눈송이 결정'이었다. 훗날 고기 왕만두 시제품을 만들다가 우연히 프라이팬을 뒤집어 바닥을 보았는데, 거기에 눈 결정 모양의 마크가 크게 찍혀 있었다. 그렇다, 말하자면 우연의 일치였다.

3개월 뒤, 그의 일은 순조롭게 진행되어 마침내 오사카에서 고기 왕만둣집을 열었다. 장사는 지금까지도 아주 잘된다고 한다. 참고로 그 친구는 전문 요리사도 아니고 요리 학교를 나오지도 않았다. 중국에서 먹어본 고기 왕만두를 생각하며 인터넷에서 조리법을 찾아서 만들었을 뿐이다. 이른바 아마추어 요리사이지만 재능은 있었나 보다. 게다가 공공 기관에서 자금까지 지원받았다고 한다.

소원이 이루어질 때는 싱크로가 일어난다. 내게 도마뱀이 그랬던 것처럼 내 친구에게는 눈송이 결정이 싱크로를 일으켰다. 앞에서 말한 방법을 순서대로 따라 해서 자신만의 심벌을 찾아보자. 그리고 일상생활 속에서 그 심벌을 얼핏이라도 보면 싱크로가 일어난 것이니 바로 승리의 포즈를 취할 것. 초의식의 응원을 받아 소망 실현을 향해 크게 전진하는 것을 나타내는 시그널이니 말이다. 가급적이면 심벌을 잇달아 발견하기 바란다. 심벌을 자주 만날수록 소원은 더 빠른 속도로 실현될 테니까!

○○하면 좋겠다

신호를 받는 세 번째 방법은 자신에게 솔직해지는 것이다. 이것은 간단하면서도 가장 중요한 기술이다. 다시 한번 이 문장을 던져본다.

"○○하면 좋겠다."

여러분은 이미 알고 있다. '하면 좋은 일'이 무엇인지. 그것을 떠올리면 틀림없이 마구 술렁일 것이다. 다만 과한 술렁임에 스트레스가 너무 커서 떠올리지 않으려고 할 뿐이다. 가령 결혼하고 싶다는 게 소원이고 결혼 정보 회사에 등록하라는 신호가 왔다고 하자. 그런데 '결혼 정보 회사는 싫다'는 생각에 신호를 외면하고 있을 수 있다. 동화 속의 백마 탄 왕자처럼 그저 기다리기만 해도 멋진 상대가 나타날 거라고 기대하고 있지는 않은지?

'수입 증가'의 소원도 마찬가지이다. 회사를 그만둔다든지, 비는 시간을 고스란히 부업에 투자한다든지, 여러 가지 신호가 왔음에도 외면하고 있지는 않은가? 물론 실천한다는 것은 꽤 힘든 일이긴 하다.

결정적 신호에는 술렁임이 있다. 그런데 그 술렁임을 애써 외면하고 편한 신호, 다시 말해 술렁임이나 스트레스가 없는 신호를 바라는 건 아닐까? 그래서 "신호가 오지 않는다"고 말하는 것은 아닐까? 좀 더 솔직해지자. 현실로 눈을 돌리자. 다시 한번 말한다.

"○○하면 좋겠다."

그렇다, 그것이 신호이다. 열심히 정리해보자!

✤ 우주 방정식 Y=aX+b로 모든 소원은 이루어진다

소원을 이루려면 a(방향)를 정하고 X(행동·에너지)를 통해 앞으로 나아갈 것!

✤ '운'의 정체는 우주의 계산에 있다

운은 결코 우연이 아니며 이미 우주 방정식으로 계산은 끝난다.

우주의 계산이 작동할 때 신호, 즉 싱크로와 번뜩임이 찾아온다.

✤ 세계는 의식·잠재의식·초의식의 3층 구조로 이루어진다

의식은 말, 잠재의식은 감각, 초의식은 우주 그 자체이다.

의식은 '소원'을 정하고, 잠재의식은 '현재 상태'를 지키며, 초의식은 '성장'을 독려한다.

✤ 우주의 신호를 알아차리는 기준은 술렁임이다

술렁임은 잠재의식과 초의식의 마찰 때문에 생긴다.

술렁임이 찾아오는 것은 성장할 기회이다.

술렁임을 방치하면 운이 점점 나빠진다.

이렇게 하면 점점 운이 좋아진다!

♣ "○○하면 좋겠다"의 '○○'가 나에게는 무엇인가?

♣ 지금 느끼는 술렁임을 모두 글로 써보자.

♣ Y=aX+b에서 a(방향), 즉 소원을 우선 하나만 써보자.

♣ 새로운 술렁임과 '신호(싱크로·번뜩임)'에 늘 민감하게 반응하자.

제**2**장

스트레스를 넘어
운을 당기는
에너지 사용법

술렁임에 맞서는 에너지

여기까지 읽었다면 이제 거짓말은 할 수 없다. 지금 여러분의 마음에는 술렁임이 똬리를 틀고 있을 것이다. 서랍 속 소라 껍데기의 냄새가 하루하루 강해지듯이, 자명종의 알람 소리가 점점 커지듯이 이제 술렁임은 그 존재감을 계속 키워갈 것이다.

하루하루 다양한 상황에서 내게도 늘 술렁임이 찾아온다. 가령 차림새를 단장할 때 그렇다. 태어나서 지금까지 외모는 거의 신경을 쓴 적이 없었다. 아내가 사다 주는 옷을 그냥 입었을만큼 외모 관리는 나에게 가장 자신 없는 부분이어서 지금까지 줄곧 피해오기만 했다. 필요하다는 것은 알고 있지만…….

마음이 술렁거린다.

다른 사람에게는 쉬운 일도 내게는 상당한 스트레스가 된다. 어쩌면 전문가의 도움을 받아 멋을 내보면 일도 더 잘되고 돈도 더 많이 벌 수 있을지 모른다. 하지만 왠지 저항하는 마음이 있다. 술렁임이 인다. 이 문제를 돌파하려면 어떻게 해야 좋을까? 해답은 바로 수수경단, 다시 말해 에너지에 있다.

술렁임은 변화와 성장을 독려하는 '초의식'과 안심과 안전을 추구하는 '잠재의식'의 마찰로 생겨난다. 잠재의식 쪽으로 기울면 마찰은 사라지지만 초의식 쪽으로 기울면 점점 뜨거워진다. 그래도 소원을 이루고 싶다면, 인생을 가속화하고 싶다면 초의식이 보내는 신호를 받아야 한다. 술렁임에 맞설 수밖에 없는 것이다. 그 힘이 바로 에너지이다.

소원을 이루어주는 우주 방정식 'Y = aX + b'에서 X가 바로 에너지이다. a로 방향을 설정하고 초의식이 보내는 신호를 받을 준비가 되어 있어도 앞으로 나아가지 않으면 아무런 의미가 없다.

복숭아 동자도 "나 진짜로 도깨비섬에 갈 거니까 잘 봐. 내일 정말 떠난다!"라고 큰소리만 친 게 아니라 수수경단을 챙겨서 미련 없이 집을 나섰다. 그리고 개, 원숭이, 꿩을 만나 수수경단이라는 에너지를 주고 부하로 삼았다.

만일 복숭아 동자가 수수경단이라는 에너지를 쓰는 데 인색했다면 도깨비를 물리치지 못했을 것이다. 복숭아 동자는 한 걸음 내디뎠을 뿐만 아니라 개, 원숭이, 꿩에게 줄 수수경단, 즉 에너지를 제대로 사용했기 때문에 소원을 이룰 수 있었다.

뭐든 해보자!

강렬히 원하면 우주 전체가 그 소원을 이루어주기 위해서 싱크로 혹은 번뜩임으로 신호를 보낸다. 여기까지는 우주가 할 일이다. 하지만 신호를 받을지 말지 결정하는 것은 여러분의 몫이다. 결국 이것은 의식, 즉 자유의지에 달린 일이다. 인간과 동물의 가장 큰 차이는 자유의지가 있느냐 없느냐에 있다. 모든 일을 우주에 맡긴다면 동물과 다르지 않다.

자유의지를 갖고 있는 인간은 불행히도 그만큼 우주에서 떨어져 있다. 하지만 다행히도 자유의지 덕분에 '스스로 자유롭게 인생을 창조할 권리'를 누릴 수 있다.

이제부터 구호는 "뭐든 해보자!"이다. 아무리 사소한 신호라도 일단 받아들이고, 뭐든지 해보는 것이다. '나도 멋을 내봐야겠다'는 신호가 왔다면 일단 그와 관련한 일을 해보는 것이다.

예를 들어 결혼을 하고 싶다면 이런 일을 해볼 수 있다.

'결혼 정보 회사에 등록한다' '주변 사람들에게 애인을 구한다고 말하고 다닌다' '맞선을 본다' '전문가에게 패션에 관한 조언을 듣는다' '최고의 프로필 사진을 찍는다' '인터넷 만남 사이트에 등록한다' '적극적으로 소개팅을 한다' '커뮤니케이션 강의를 듣는다' '연애 전문 코칭을 받는다' '10년은 젊어 보이게 외모를 관리한다' '이성이 많이 모이는 강좌를 듣는다' 등.

수입을 늘리고 싶다면 다음과 같은 것을 시도해볼 수 있다.

'일단 지금 하는 일을 열심히 한다' '부업을 해본다' '돈과 관련한 강연을 듣는다' '이직한다' '창업한다' '돈이 되는 자격증을 딴다' '좋아하는 일을 해서 돈을 벌겠다는 생각은 접고 철저하게 목표 금액을 달성하기 위해 일한다' '불필요한 물건은 모두 중고 쇼핑몰에 내놓는다' '마케팅 공부를 한다' '비는 시간에 아르바이트를 한다' '완전 성과급제 일을 한다' '목표로 삼은 성공인의 삶을 벤치마킹한다' 등.

머리에 떠오른 일은 일단 모두 해보자! 그런데 이렇게 말하면 꼭 이렇게 대꾸하는 사람이 있다.

"그랬다가 잘못되면 어떻게 합니까?"

물론 결과는 아무도 알 수 없다. 하지만 한 가지는 자신 있게 말할 수 있다. 아무것도 하지 않으면 지금 상태 그대로지만 뭐든 하면 그만큼 바뀐다는 것이다. 잘되면 원하는 결과를 얻을 것이고, 잘되지 않으면 새로운 방법을 모색할 수 있다.

포기하면 그것으로 끝이다

평범한 직장 여성 K 씨는 30대 후반이 되면서부터 본격적으로 결혼을 생각했다. 직장에서는 남성을 만날 기회가 적었기 때문에 우선 결혼 정보 회사에 등록하고 패션과 화장을 적극적으로 개선해서 프로필 사진을 준비한 뒤 모임 등에 참가하며 배우자 찾기에 혼신의 노력을 기울였다. 그러나 생각만큼 잘되지 않았고, 1년 정도 애를 썼지만 끝내 결실을 맺지 못했다.

"너무 힘들어서 조금 쉬어야겠어요."

이렇게 말하고 잠시 휴식을 취한 K 씨. 그런데 몇 주가 지난 뒤 뜻하지 않게 가까운 곳에서 인연을 만났고, 결혼을 전제로 자연스럽게 사귀기 시작했다. 그리고 마침내 양가 부모님께 인사를 드리기에 이르렀다. 이런 경우 결혼 정보 회사에서 소개받은 사람과 결혼하지 않았으니 그동안의 노력이 쓸데없었다고 말할 수 있을까? 결코 그렇지 않다. K 씨는 1년 동안 인간적으로 크게 성장했고, 마땅히 만나야 할 사람이었기에 그 남성을 만난 것이다.

K 씨와 같은 모임에 참가하던 30대 초반의 여성 S 씨도 비슷한 사례이다. 그 역시 결혼을 해야겠다고 마음먹고 다양한 시도를 해봤지만 생각대로 되지 않았다. 그러다 1년쯤 지나 여자들끼리 만나는 모임에 별생각 없이 참석했는데 마침 그 자리에 뜬금없이 한 남성이 와 있었다. S 씨와 그 남성은 서로 뜻이 잘 맞았고, 두 사람은 곧바로 사귀다가 순조롭게 결혼에 골인했다.

예전에 내가 전화로 코칭했던 30대 후반 여성 A 씨의 사례도 있다. 그녀는 결혼한 상태였지만 배우자와 함께하는 미래에 늘 의문을 품고 있었다. 이혼할 마음도 있다는 그녀의 말에 나는 시험 삼아 이혼 서류를 책상 위에 올려두라고 제안했다. 약간의 충격 요법을 통해 타성에 젖은 결혼 생활에 변화를 줄 수 있을 것 같았다. 이 일을 계기로 부부가 진지한 대화를 통해 좋은 쪽으로 관계를 회복할 수도 있고, 아니면 이혼해서 각자 새로운 인생을 시작할 수도 있다.

A 씨의 경우는 후자였다. 남편에게 이혼 이야기는 청천벽력 같은 것이었다. 그는 크게 화를 냈지만 관계는 회복되지 않았다. 결국 두 사람은 이혼했고 A 씨는 생활력 없는 '돌싱'이 되었다. 하지만 한동안 일이 안 풀려서 고생하는 것 같더니 어느새 연하의 남성과 재혼해서 지금은 한 살배기 아이까지 있다.

겨우 몇 줄로 소개한 사연들이지만 실제로는 1~3년에 걸쳐 진행된 스토리라 아마도 그사이에 많은 일이 있었을 것이다. 하지만 이들에게는 한 가지 공통점이 있다. 포기하지 않았다는 것이다. 여기서 포기한다는 것은 '자신에게 한계의 벽을 만드는 것'을 의미한다.

가능하면 결혼 정보 회사에서 소개한 사람과 결혼하고 싶다,

모임에 참석해 바로 인연을 만나면 좋겠다, 이혼하자마자 운명의 상대를 만났으면 좋겠다……. '의식'은 그렇게 되기를 바란다. 하지만 실제로는 생각한 대로 당장 일이 진척되지 않고, 초의식적인 성장을 의도하는 경우도 있다. 중요한 점은 아무리 세상일이 내 뜻대로 되지 않더라도 절대로 포기해서는 안 된다는 것이다.

원하는 결과를 당장 얻지 못하더라도 '이루어지지 않는다'고 결론짓지 말고 '아, 뭔가 다른 게 있나 보다'라고 생각하며 의식을 넓혀보는 것이다. 그러면 최고의 타이밍에 소원이 실현되어 시간이 흐른 뒤 '아, 역시 그랬구나' 하고 돌이켜볼 수 있다.

생각대로 되면 '고마운 일이야', 생각대로 안 되면 '아, 뭔가 다른 게 있나 보다'. 이 말을 구호로 삼아 뭐든 꾸준히 해보자. 그러면 초의식은 틀림없이 여러분을 성장시켜서 소원이 실현되는 쪽으로 이끌어줄 것이다.

스트레스는 나쁜 것인가, 좋은 것인가

"뭐든 해보자!"를 외치며 드디어 앞으로 나아갈 때가 되었다. 술렁임도 뚜렷이 일어나고 있다.

아, 분명 뭔가 있다. 하지만 이쯤 되면 스트레스가 엄청나다.

나도 R-1 그랑프리에 나가기 전 극심한 스트레스로 구토를 하기까지 했다. 좋아하는 여행을 떠나기 전 쓸데없는 걱정으로 많은 스트레스를 받기도 했다.

후쿠오카에서 도쿄까지 5개 도시를 자전거로 이동하면서 강연하는 자전거 투어를 기획할 때도 그랬다. 3개월 전에 갑자기 이 생각이 떠올라서는 점차 술렁임으로 발전해버렸고 더는 미룰 수가 없게 된 것이다. 일이 점점 커져 진행이 되었고 그 후 계속 스트레스에 시달렸다. 출발 전날 스트레스는 최고조에 달했다. 도망치고 싶었다.

건강심리학자 켈리 맥고니걸(Kelly McGonigal)의 연구에 따르면 스트레스가 건강에 악영향을 미치는 측면도 있지만, 그것은 '스트레스는 건강에 나쁘다'고 믿는 사람에 한한다고 한다. '스트레스는 건강에 좋다'고 생각하는 사람은 스트레스를 받을 때 심한 혈관 수축도 없고 심장박동도 정상 수준으로 유지된다고 그는 강조한다. 오히려 '기쁘거나 용기 내서 도전할 때 가슴이 두근거리는 상태, 기분이 긍정적으로 고양될 때 보이는 반응'이 나타난다고 한다.

다시 말해, 문제는 스트레스 자체가 아니라 스트레스에 대한 믿음이다. 스트레스가 건강에 나쁘다고 믿으면 실제로도 그렇게 되고, 반대로 스트레스가 건강에 좋다고 믿으면 기쁠 때, 용기를 낼 때, 긍정적일 때와 같은 상태가 되는 것이다.

여기에서 우리 앞에 놓인 선택지는 두 가지이다.

□ 스트레스는 건강에 나쁘다.

　□ 스트레스도 건강에 좋다.

　여러분은 어느 쪽을 선택하겠는가? 만약 스트레스가 건강에 나쁘다고 믿는다면 미안하지만 이 책을 덮고 병원에서 진단을 받기 바란다. 그리고 1년에 네 번은 건강검진을 받는 편이 좋다.

　반대로 스트레스가 건강에 좋다고 생각하는 사람은 앞으로 기쁨만 있을 것이다. 그도 그럴 것이 스트레스의 반대는 릴랙스이기 때문이다.

　"릴랙스는 건강에 나쁘다"는 말은 어디에도 존재하지 않고, 굳이 얘기하자면 릴랙스는 기쁨일 뿐이다. 결국 '릴랙스=기쁨' 그리고 '스트레스=기쁨'이 되어 기쁨 이외에 다른 것은 없어진다.

스트레스를 에너지로 전환하는 주문

자전거 투어 첫날 열린 후쿠오카 강연에서 참가자들에게 "지금 스트레스를 받는 일이 있습니까?"라고 물었다. 그러자 사람들 대부분이 손을 들었다.

"축하합니다!"

이것밖에 할 말이 없었다. 물론 손을 들지 않은 사람에게도 마찬가지이다. 양쪽 모두 축하할 일이다. 나는 각자 지금 마음속의 스트레스를 떠올려보라고 했다. 그러고 나서 다 같이 큰 소리로 이렇게 외치자고 했다.

"스트레스 최고!"

강연을 마친 뒤 오후에는 자전거를 타고 후쿠오카에서 기타큐슈로 향했는데, 정말이지 운 좋게도 큰비가 내렸다. 게다가 날이 저물었는데 아직도 호텔에 도착하려면 갈 길이 멀었다. 비 맞은 안경에 자동차 불빛이 반사되어 시야까지 방해했다. 그 순간 나는 이렇게 생각했다. '아, 스트레스다. 하지만 이 스트레스는 최고다.'

해가 지고 나서도 2시간쯤 지나서야 겨우 호텔에 도착했다. 따뜻한 물로 샤워를 하니 기분이 날아갈 듯 개운했고 저녁 식사로 나온 카레도 정말 맛있었다. 그때 문득 깨달았다. '그렇다, 스트레스는 에너지였구나.'

술렁임에는 반드시 스트레스가 따른다. 그리고 '스트레스 최고!'라고 생각하는 것만으로도 스트레스는 에너지로 전환된다.

지금, 마음속에 술렁임이 일고 있다면 그것은 상당한 스트레스를 안겨줄 것이다. 하지만 그것은 또한 에너지이기도 하다. 머리 위로 높이 수수경단을 들어 올리는 모습을 떠올리며 당당하게 외쳐보자!

"스트레스 최고!"

사업가가 말하는 '절체절명의 위기 탈출법'

큰 소리로 외치는 행위는 그 효과를 결코 무시할 수 없다. 예전에 주변 사업가들에게 절체절명의 위기에서 벗어나는 '자신만의 위기 탈출법'이 있는지 물어본 적이 있다. 나 역시 독립하고 나서 몇 번이나 위기를 만났고, 그때마다 위기를 잘 벗어난 덕에 지금 이렇게 책을 쓰고 있다. 확실히 위기일 때는 너무나 초조해지고 스트레스를 많이 받는다. 그래서 인생 선배 그리고 사업 선배들에게 위기 탈출법이 있는지 물어봤는데, 그들의 말에는 공통된 메시지가 있었다.

'마지막은 기합이죠.'

머리로 생각할 수 있는 일은 모조리 다 했을 때, 사람으로서 할 수 있는 일은 다 하고 하늘의 뜻을 기다릴 때 맨 마지막으로 할 수 있는 것이 기합이다. 다른 사람이 보면 미쳤다고 생각할 수도 있으니 차 안이나 노래방처럼 혼자 있을 수 있는 곳에서 온 힘을 다해 이렇게 외친다.

"좋아!"

"분명히 잘된다!"

"고맙습니다!"

"매출 두 배!"

"나는 할 수 있다!"

"와하하하하!"(큰 웃음)

"행복하다!"

마치 바보라도 된 것처럼 이렇게 외치다 보면, 단숨에 체온이 올라가고 어느샌가 이마에 땀이 흐른다. 그럼 이제 됐다. 매우 고전적이고 단순한 방법이지만 사실 효과는 상당하다.

최근 나는 복싱을 배우면서 몸을 많이 움직이고 있는데, 원래는 음악과 문학을 좋아하는 이른바 '초식남' 스타일이라 체육이나 운동 등 강하고 투박한 분위기는 질색이었다. 아니, 사실 지금도 질색이긴 하다. 하지만 몸을 쓰는 것이 필요하면 하는 수밖에 없다. 큰 소리로 외치는 것도 마찬가지이다.

진심을 다해서 큰 소리로 외치면 순간적이기는 하지만 극적으로 기분이 달라진다. 그것이 에너지이다. 아프리카나 남미의 전통 부족을 상상해보자. 모닥불을 중심으로 둥글게 모인 사람들이 큰 북을 두드리고 소리 높여 노래하며 에너지를 끌어올린다. 옛날부터 이미 그들은 에너지를 내는 방법을 알고 있었던 것이다.

목소리가 클수록 에너지도 커진다

사업가들의 위기 탈출법과 아프리카 부족의 축제에서 찾을 수 있는 공통점은 '목소리'를 낸다는 것이다. 아기들에게 에너지가 넘치는 것은 있는 힘껏 어디서나 소리를 지르기 때문이다. 그러다가 차츰 자라면서 사회성을 배우고 소리 내는 것을 스스로 통제하게 된다. 어른이 되어서도 큰 소리를 낸다면 곤란한 경우가 많이 생긴다. 그렇다고 해서 소리라는 중요한 에너지의 발화점을 낮추는 것은 상당히 아쉬운 일이다.

실제로 사람은 목소리에 매우 민감하다. 마쓰시다 전기의 사장이 스스로 운이 좋다고 생각하는 사람을 우선 채용한다는 이야기는 널리 알려져 있는데, 그는 큰 목소리를 사람을 보는 중요한 기준으로 삼았다.

목소리는 에너지이다. 남자나 여자나 당당하고 울림이 좋은 목소리는 매력이 넘친다. 솔직히 말해서 일이나 결혼 등 인생에서 중요한 파트너를 선택할 때 겉모습이나 학력보다 목소리를 중시하면 실수할 확률이 낮다고 생각한다. 어떤 상황에서든 기분이 좋아지는 목소리의 소유자를 선택하는 게 좋은데, 이때 중요한 기준은 목소리의 크기가 아니라 '울림'이다.

울림이 좋은 목소리는 진동이 크다. 이는 그 진원지인 몸과 잠재의식이 충분히 움직이고 있다는 것을 의미한다. 몸을 움직인다는 것은 감각의 세계에 진동을 준다는 의미이므로 그만큼 잠재의식도 활성화되어 있음을 뜻한다. 그 진동의 크기가 바로 에너지이다.

일상생활에서는 일부러 의식하지 않는 한 목소리를 크게 낼 일이 별로 없다. 하루 종일 거의 몇 마디 하지 않는 사람도 있다. 목소리는 많이 낼수록 울림이 좋아지고, 내지 않으면 점점 울림이 줄어든다.

그래서인지 평소 잘 떠드는 사람은 밝고 에너지가 넘치며 주위에 사람이 많이 모인다는 인상을 준다. 물론 너무 시끄러워서 같이 있으면 피곤해지는 사람도 있긴 하다. 반대로 말수는 적지만 매력이 넘치는 사람도 있는데, 이런 사람은 목소리 역시 실로 매력적이다.

부디 평소에 소리 내어 말하며 자신의 에너지를 최대한 끌어올리기 바란다. 차 안이나 노래방처럼 남에게 방해되지 않는 장소에서 마음껏 어포메이션(affirmation: 확언, 자신에게 하는 긍정적인 말, 확신의 말-옮긴이)을 하는 것도 좋다. 이때 가능한 한 목소리의 울림을 최대한 의식하면서, 진동을 느끼면서 소리를 내도록 한다. 목소리를 낼수록 점점 에너지기 채워지는 이미지를 그리며 반복하면 더욱 좋다.

조금이라도 소리 내서 말하겠다는 마음만 먹어도 틀림없이 인생에서 많은 것을 얻을 수 있다. 너무 간단한 방법이 아닌가!

소원을 이루고 싶다면 눈을 크게 떠라

목소리를 울리면서 말하는 훈련과 함께 실천하면 좋은 것이 있다. 바로 눈을 크게 뜨는 것이다. 목소리와 마찬가지로 눈에도 에너지가 머문다. 먼저 평소처럼 다음의 문장을 말해보자.

"나는 운이 좋다!"

이어서 눈을 부릅뜨고 말해보자. 목소리의 질이 완전히 달라지는 것을 실감할 수 있을 것이다. 이상하게도 눈을 크게 뜨고 말하면 목소리의 질이 좋아진다. 어포메이션할 때도 눈을 크게 뜨면 효과가 훨씬 좋아진다.

실제로 사람은 즐거울 때, 흥분할 때, 긍정적일 때, 열중할 때 자기도 모르게 눈이 커지고 동공도 확장된다. 이때는 상대에게서 눈을 딴 데로 돌리는 일도 없다. 상대방의 눈빛만으로도 강한 인상을 받거나 압박감을 느끼는 경우가 있는데, 이는 눈에 힘이 머물기 때문이다. 그것이 바로 에너지이다. 목소리와 마찬가지로 눈도 잠재의식과 직결된다. 그리고 "눈을 보면 어떤 사람인지 알 수 있다" 또는 "저 사람, 얼굴은 웃고 있는데 눈은 그렇지 않다"는 말에서 알 수 있듯이 눈에는 생각 이상으로 많은 정보가 담겨 있다.

사진을 찍을 때 "치즈"라고 말하면서 웃는 표정을 지을 때가 있다. 입꼬리를 치켜올리며 의식적으로 웃는 표정을 만드는 것은 간단하다. 반면, 눈꼬리를 내려서 의식적으로 웃는 표정을 짓는 것은 생각 이상으로 어렵다. 입과 눈은 사용하는 근육의 종류가 다르기 때문이다.

입은 '맘대로근'이라는 의식적으로 움직일 수 있는 근육으로 이루어져 있지만, 눈 근육은 주로 '제대로근'으로 이루어져 있는데 이는 의식적으로 조절할 수 없는 근육이다(단, 의식적으로 할 수 있는 깜빡임 등은 맘대로근의 운동이다). 입 근육 외에 관절근, 골격근 등이 대표적 맘대로근이며, 제대로근의 대표로는 심장을 비롯한 내장 기관을 들 수 있다.

제대로근은 거짓말을 못 한다. 그래서 기분, 잠재의식에 따라 두근거림이나 체온 상승, 땀 같은 신체 변화를 고스란히 드러낸다. 결론적으로 다음과 같은 관계가 성립한다.

- 맘대로근 = 의식 (ex. 입)

- 제대로근 = 잠재의식 (ex. 눈)

따라서 눈은 입 이상으로 솔직한 표현을 한다. 실로 무서운 이야기이다. 다만, 의식해서 움직이지 못한다고 해도 훈련을 하면 어느 정도 가능하다. 가령 우리 손가락에서 약지는 보통 단독으로 구부릴 수 없지만 훈련을 하면 가능해진다.

눈 역시 마찬가지인데, 가장 좋은 훈련 방법이 눈을 크게 뜨는 것이다. 눈을 크게 뜨면 에너지가 방출되고 목소리에도 영혼이 머문다. 나도 지금까지 의식해서 눈을 크게 뜨는 훈련을 했더니 소망 실현의 속도가 더욱 빨라졌다.

소원을 이루고 싶다면 눈을 크게 떠라! 눈을 똑바로 뜨고, 이와 더불어 눈꼬리까지 의식적으로 내릴 수 있게 되면 에너지가 넘치고 인생에 가속도가 붙는다. 간단하다.

모든 에너지를 빨아들이는 감정

목소리를 크게 내거나 눈을 크게 뜨는 과장된 행동에 어색함을 느끼는 사람도 있을 것이다. 또 거부반응을 보이는 사람이 많다는 것도 알고 있다. 하지만 반대로 "와! 멋진 이야기네. 바로 실천해야지!"라며 긍정적으로 반응하는 사람도 적지 않다. 이런 방법을 받아들이는 사람과 거부하는 사람 중, 어느 쪽이 더 에너지 넘치고, 소원을 빨리 이룰까? 말할 것도 없이 당연히 전자이다.

거부하는 마음 밑바닥에 깔린 감정은 실은 에너지를 빼앗는 근원이 된다. 그 감정은 공포도 아니고, 슬픔도 아니며, 물론 분노도 아니다.

인간의 감정 중에서 가장 에너지를 많이 빼앗는 최악의 감정은 수치심이다.

정신과 의사 데이비드 R. 호킨스 박사의 《의식 혁명(Power vs.

Force)》에 의하면 수치심이나 부끄러움은 모든 감정, 의식 중에서 에너지가 가장 낮다고 한다. 그는 다음과 같이 기술한다.

"수치심은 죽음에 가장 가까운 감정이다. 왜냐하면 수치심 때문에 의식적으로 자살을 선택할 수도 있고 아니면 삶을 적극적으로 유지하려 애쓰지 않고 마지못해 살아갈 가능성이 있기 때문이다. (……) 수치심은 품성 전체의 레벨을 끌어내리기 때문에 수치심뿐만 아니라 다른 부정적 감정으로 인해 쉽게 상처받는 결과를 초래해 그릇된 자부심이나 노여움, 죄책감을 흔히 일으킨다."

참고로 이 책에서는 두려움에 대해서 "위험에 공포를 느끼는 것은 건강한 감정"이라고 이야기할 뿐만 아니라 나아가 분노는 "에너지 수준에서 죽음으로부터 멀리 떨어져 있고 창조적일 수도, 혹은 파괴적일 수도 있다"면서 부정적 감정도 어느 정도 필요하다고 인정한다.

하지만 수치심이라는 감정에 사로잡히면 에너지는 떨어지고, 몸조차 제대로 움직이지 못하게 된다. 가령 여러 사람 앞에서 이야기하는 것을 죽을 만큼 싫어하는 사람이 많은데, 그 바탕에 깔린 감정 역시 수치심이다. '잘못해서 웃음거리가 되면 어쩌지?'라며 일어나지도 않은 일을 걱정하기 때문인데, 애초에 웃음거리가 되는 것이 그렇게 나쁜 일일까? 오히려 다른 사람의 실수를 보고 웃는 사람이 문제 있는 것 아닐까? 그 정도로 인성이 형편없는 사람이라면 사실 상대할 가치도 없다.

사람은 실수를 통해서 성장한다. 그것을 알면서도 역시 남 앞에 나서서 이야기하는 것에는 거부감이 든다. 실수를 한다는 것은 여전히 겁나는 일이고 무엇보다 창피하기 때문이다. 머리로는 아니라는 걸 알면서도 몸은 그에 따라가지 못한다. 한번 심어진 수치심은 좀처럼 벗어나기 어려울 만큼 에너지를 낮춰버린다.

나에게 막대한 영향을 끼친《영업맨들이여 절대 부탁하지 마라!》의 저자이자 영업의 신, 가가타 아키라 씨 역시 수치심이야말로 영업의 가장 큰 적이라고 말한다. '영업은 정말 창피해. 부끄러워. 누가 보면 어쩌지?' 이렇게 생각하는 사람이 어떻게 물건을 잘 팔 수 있단 말인가?

고객에게 상품을 설명할 때는 생기 있고 자신감 넘치는 목소리로 해야 한다. 열심히 물건을 파는 것은 부끄러운 일이 아니다. 오히려 쭈뼛거리며 제대로 팔지 못하는 게 더 굴욕적이다.

자, 이제 이렇게 말해보자.

"쑥스러움이나 부끄러움은 아무런 도움도 되지 않는다!"

부끄러움 따위는 집어치우고 큰 소리로 따라 해보기 바란다. 물론 눈을 크게 뜨고 외쳐야 한다. 그 순간, 어떤 한계가 '꽝'하고 무너지며 몸속 깊은 곳에서 에너지가 솟아나오는 느낌을 받는다면 성공이다.

어포메이션이 역효과를 보일 때

수치심을 버렸으면 지금 다시 한번 눈을 크게 뜨고 어포메이션을 해보자. 우선 대표적 어포메이션인 다음의 말을 외쳐보자.

"나는 억세게 운이 좋다."

물론 이것 말고도 마음에 드는 말이 있으면 그것을 외치면 되는데, 눈을 크게 뜨는 것만큼은 잊지 말자. 그렇게만 해도 잠재의식으로 들어가는 방법이 완전히 달라지기 때문이다. 말이나 이미지를 잠재의식에 입력하기 위해서는 이렇게 몸을 사용하는 것이 제일 좋다.

제1장에서도 이야기했듯이 '의식＝말' '잠재의식＝감각(신체)'이므로 단지 표면적인 말만 외우는 것은 효과가 없다. 오히려 경우에 따라서는 역효과가 나기도 한다.

가령 "페라리를 살 거야!"라고 어포메이션한다고 치자. 이렇게 말하는 사람들에게는 한 가지 공통점이 있다. 그것은 페라리를 갖고 있지 않다는 것이다. 그렇기 때문에 감정이나 감각을 동반하지 못하고 입으로만 "페라리를 살 거야!"라고 말하게 된다. 그러면 잠재의식은 '페라리가 없다'는 상태에 집중해 '없다'가 쓸데없이 강화되어버린다.

이럴 때는 눈을 크게 뜨고 "페라리를 살 거야!"라고 해도 좋지만, 그보다는 눈앞에 누군가 있다는 기분으로 "나 페라리를 샀어!"라고 말하는 게 낫다. 솔직히 나는 차를 운전할 때 이런 식의 '나 홀로 강연회'를 열 때가 많다.

"여러분, 안녕하십니까? 이번 출판 기념 강연회에 와주셔서 고맙습니다. 여러분 덕택에 폭발적 판매 행진으로 발매와 동시에 재쇄를 찍었습니다."

말하자면 독백인데, 눈앞에 사람이 많이 모였다고 가정하고 말을 한다. 이 방법을 수입 증가라든지, 다이어트 성공이라든지 여러 방면에 응용해서 하는데, 옆에서 누가 보면 미쳤다고 생각할 정도로 현장감 넘치게 한다. 물론 차 안에서 하기 때문에 듣는 사람은 아무도 없다. 참, 아이를 태우고 유치원을 오가는 길에 몇 번 한 적이 있기는 하다. "아빠, 지금 누구랑 말하는 거야?"라는 소리를 듣고 멋쩍게 웃은 적도 있다.

이 방법의 효과는 생각보다 어마어마하다. 가끔 어포메이션의 효과가 없는 경우도 있는데 그 이유는 무엇일까? 그것은 현장감이 떨어져서 몸으로 스며들지 못하기 때문이다.

그렇다면 어포메이션이 자연스럽게 몸으로 스며들게 하는 방법은 무엇일까?

그렇다, 눈을 부릅뜨고 힘차게 말하는 것이다. 다른 사람에게 무언가 자랑을 늘어놓거나 성공 체험을 말할 때는 흥분해서 눈이 커진다. 부끄러워하는 마음을 버리고 눈을 한껏 크게 뜬 상태로 어포메이션하자. 그렇게만 해도 소망 실현에 가까이 다가갈 수 있는데, 이때 조건이 있다.

126

그것은 바로 술렁임이다. 구호는 "뭐든 해보자!"였다. 술렁임이 가까이 접근하면 확실히 스트레스를 받는다. 그때는 역시 눈을 크게 뜨고 "스트레스 최고!"라고 말해서 극복하면 된다. 이렇게 하면 에너지가 솟아나와 복숭아 동자가 도깨비섬을 향해 길을 떠난 것처럼 소원을 실현할 날이 점점 가까워진다.

에너지를 유지하려면 배에 집중한다

목소리와 눈 외에 에너지를 소용돌이치게 하는 중요한 포인트가 하나 더 있다. 사실 눈과 목소리는 에너지를 상반신에만 집중시킨다. 그래서 옆에서 보면 기분만 한껏 고조될 뿐 '마치 공중에 떠 있는 사람' 같은 불안정한 느낌이 든다.

이 세상에는 소리치거나 뛰거나 미친 듯이 춤을 추는 형태의 세미나가 제법 있고, 나도 그것을 싫어하지는 않는다. 또 나름대로 효과가 있다는 사실도 알고 있다. 하지만 참가자 중에는 너무 흥분한 나머지 이상한 소리를 쏟아내는 사람도 있다.

예를 들면 "올해 안에 100억 원을 번다!"든지 "반드시 노벨상을 받겠다!" "3년 안에 할리우드 스타가 되어서 인기를 얻는다!" 같은 소리를 하는 것이다. 물론 말도 안 된다고 단정할 수는 없지만 분위기에 휩쓸려 던진 말일 뿐 실제로 이루기는 힘든 게 현실이다. 그러다 보니 다시 일상으로 돌아가면 자기혐오에 빠지는 일이 종종 있다.

눈을 크게 뜬다든지 큰 소리로 말하는 것은 순간적으로 막대한 에너지를 내는 데 효과적이다. 그래서 그 에너지에 걸맞은 과장된 소원을 외치고 싶어지는 마음도 이해한다. 하지만 너무나 과장된 소원을 바라고 집에 돌아와서는 침대에 누워 베개 냄새를 맡는 순간 '원래 상태'로 돌아가 자기혐오에 빠지는 패턴은 문제가 있다.

어떻게 하면 이 패턴에서 벗어나 에너지를 유지할 수 있을까? 방법은 하반신에 에너지를 모아서 균형을 잡는 것이다. 그리고 현실적이고 진솔한 어포메이션을 해야 한다.

우리 몸에서 에너지가 모이고 쌓이는 곳이 배이다. 좀 더 정확히 말하면 단전이라는 곳인데, 그냥 일반적으로 배라고 표현하겠다. 배는 몸의 중심인 만큼 배에는 '중심', '흔들림이 없는 위치'와 같은 이미지가 있다. 사람에 따라서는 그라운딩(정신세계에서 말하는 그라운딩은 마음과 의식을 현실 사회에 뿌리내리고, 지금 이 순간을 사는 것을 뜻한다-옮긴이)이라고 하면 이해하기 쉬울 것이다.

나는 1년 전부터 복싱을 하고 있는데, 대충 기초를 배우고 난 뒤 매스 복싱 형태로 연습하고 있다. 매스 복싱이란 직접 타격은 하지 않고 상대방의 섀도 복싱에 맞추어 몸을 움직이는 방법이다. 실제로 파트너와 1라운드 3분 경기를 몇 라운드 함께 뛴다. 원래 체력이 바닥인 나는 첫 라운드에서 완전히 숨이 차고, 다음

라운드에서는 맥이 풀리고 녹초가 되는 것이 보통이었다.

그러던 어느 날 갑자기 생각이 나서 배에 의식을 집중해보았다. 그러자 그 순간 상대방의 움직임이 또렷이 보이면서 내 움직임을 최소화할 수 있었다. 당연히 호흡도 차분해졌다. 지금까지는 의식이 상반신에 집중되어 둥둥거리며 쓸데없이 많이 움직였다. 다시 말해 에너지가 흩어져 체력을 필요 이상으로 소모해버린 것이었다.

또 필생의 과업으로 꾸준히 하고 있는 폭포 수행도 그렇다. 수행할 때는 떨어지는 폭포를 온몸으로 맞으며 경전이나 진언을 큰소리로 외우기 때문에 아무래도 에너지는 상반신에 집중되기 쉽다. 그런데 이렇게 되면 떨어지는 물줄기가 매우 고통스럽다. 이때 의식을 하반신에 집중하고 숨을 깊이 내쉬면 그 순간 마음이 편안해지며 고통이 사라진다.

눈을 크게 뜨고, 부끄러움을 버리고 소리 높여 외치면 순간적으로 에너지가 폭발한다. 그 에너지를 흩어지게 내버려두지 말고 제대로 쓸 수 있게 저장해야 하는데, 에너지가 모이는 지점이 바로 배이다. 그렇다면 어떻게 해야 에너지를 배에 모을 수 있을까?

방법은 아주 간단하다. 평소에 의식을 배에 두면 된다. 책을 읽을 때를 예로 들면, 아무래도 의식을 눈과 머리에 집중하기 쉽다. 이때 의식을 조금만 배로 향해보자. 그 순간 뭐라 말할 수 없는 안정감을 느낄 것이다. 갑작스러운 사태로 주위가 어수선해도 의식을 배에 두면 패닉에 빠지지 않고 상황을 마무리할 수 있다.

특별한 호흡법이나 명상법도 있겠지만 굳이 그렇게까지 할 필요도 없다. 이것만 습관으로 삼으면 된다. 그저 생각났을 때 의식을 배로 향하고, 더불어 숨을 길게 내쉬면서 몸을 이완시키자.

배를 의식하며 평소처럼 차분히 전진하는 것이다.

고승이 깨달았던 에너지의 비밀

에너지를 효과적으로 쓰려면 목소리와 눈으로 에너지를 크게 키우고 배에 저장한다. 바로 '목소리 - 눈 - 배'의 삼위일체론이다. 이것은 홍법대사 구카이(空海: 일본 헤이안 시대의 승려로, 마음과 육체의 합일을 강조하는 진언종을 일으켰다 - 옮긴이)가 '신구의(身口意: 행동과 말과 정신을 이름 - 옮긴이)의 삼밀(三密)이라고 주창한 것과 통한다. 신구의는 '신(身) = 결인하다' '구(口) = 진언을 외다' '의(意) = 정신을 향하다'를 의미한다. 구카이 대사는 신구의로 깨달음을 얻었다고 했는데, 이를 현대적으로 풀어보면 '행동 = 배'와 '말 = 목소리' 그리고 '사고 = 눈'으로 에너지를 최대한 끌어올려 소원을 이룬다는 말이다. 다시 한번 정리하면 다음과 같다.

● 신은 행동 = 배

- 구는 말 = 목소리

- 의는 사고 = 눈

눈을 크게 떠서 이루고 싶은 소원을 응시하고(사고),

그 소원을 목소리로 내고(말),

마음을 정해 몸을 움직인다(행동).

그러면 이제 구체적, 물리적으로 에너지를 폭발시켜 소원을

이루어보자.

"됐다! ○○가 이루어졌다!"

여러분의 소원을 이 문장에 넣어서 외쳐보자. 문장의 세세한

부분은 신경 쓰지 않아도 된다. '됐다!'를 말머리에 붙이고 '○○

가 이루어졌다!'라고 완료형을 만든다. 그리고 아이가 간절히 원

하던 물건을 선물받았을 때의 마음을 상상하며 힘껏 외쳐본다.

에너지를 폭발시키는
목소리·눈·배의 삼위일체론

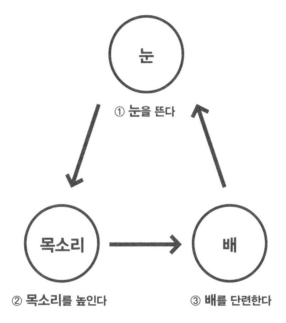

눈

① 눈을 뜬다

목소리 → 배

② 목소리를 높인다　　　　③ 배를 단련한다

에너지
폭발!

에너지를 의식하면서 한 번만 혼신의 힘을 다해서 소리쳐보자. 한 번 하면 석 달 동안 하지 않아도 된다. 눈을 크게 뜨고 배를 의식하면서 울림 좋은 목소리로 외친다. 이렇게만 해도 에너지가 확실히 상승하니 하지 않을 이유가 없다.

가슴 떨리는 사랑을 하고 있는가?

상담이나 코칭을 하다 보면 종종 마흔 전후 여성의 결혼을 주제로 삼을 때가 있다. 이때 자주 나오는 이야기가 스펙이다. 결혼을 앞둔 마흔 전후 여성 중에는 상대방의 연봉, 직업, 학력, 외모, 집안, 나이 같은 스펙을 신경 쓰는 사람이 많다. 그래서일까, 좀처럼 결정을 내리지 못하겠다는 소리도 자주 듣는다. 마음은 이해한다.

그런데 그 어려운 결정을 내리는 비율이 의외로 높다. 이때 결혼을 좌우하는 결정적 조건은 역시 사랑이다. 10~20대에 뒤지지 않는 '사랑하는 마음'을 회상함으로써 여성으로서 에너지가 높아지고, 아무래도 그 에너지가 남성을 매료시키는 것 같다.

사랑할 상대가 나타나지 않는다고 말하는 사람도 있지만, 그전에 가슴에 손을 얹고 '사랑하는 마음'을 떠올려보기 바란다. 결혼과 연애는 바로 거기에서 출발한다.

꿈이나 소원도 마찬가지이다. 허세나 체면치레가 아니라 꿈과 소원 그 자체를 사랑해야 한다. 사랑하는 남녀가 하루 종일 상대방을 그리워하듯이 소원을 이루고자 하는 사람도 자나 깨나 그 소원을 생각해야 한다. 때로는 소원을 이룬 다음의 모습을 떠올리면 싱글벙글 웃음이 나오기도 한다. 나 자신도 줄곧 그랬다.

'프리랜서로 먹고살려면 어떻게 해야 할까?'

'책을 내고 싶다.'

'결혼해서 가족과 함께 여행 가면 재밌겠다.'

'친한 동료들과 인도나 아일랜드를 여행하면 얼마나 재밌을까.'

'언젠가는 해외에서 세미나를 열고 싶다.'

'자전거를 타고 전국을 여행하며 강연하고 싶다.'

나는 이런 소원을 끊임없이 생각했고(눈), 이 이야기를 종종 블로그에 쓰거나 다른 사람에게 이야기했다(목소리). 그리고 신호가 찾아왔을 때 놓치지 않고 실행으로 옮겼다(배).

그랬더니 결국 모두 이루어졌다! 역시 사랑이다, 사랑.

지금 가슴에 손을 얹고 한번 느껴보자. 나는 내 소원을 사랑하는가? 몸이 덜덜 떨릴 만큼 뭐라 형언할 수 없는 감각이 느껴지는가? 만일 그렇다면 그대로 나아가자. 반드시 이루어진다.

하지만 솔직히 나조차 사랑하지 않는 소원이라면 이루어져도 소용없다. 뭐니 뭐니 해도 가장 큰 에너지는 사랑이다. 가슴에 손을 얹고, 눈을 크게 뜨고, 그 온기를 느끼면서 이렇게 말해보자.

"나는 앞으로도 삶을 사랑하는 ○○(자신의 이름)가 될 거야!"

부끄러움을 버리고 말했는가? 그렇다면 체온이 조금 올라갔을 것이다. 그것이 바로 에너지이다. 수수경단이다. 사랑하는 마음 이다!

좋은 인생을 살 수 있다면 그것으로 충분하다

사랑에 빠진 여러분은 여행을 떠날 준비가 되었다. 이제부터 초의식에서 신호가 쏟아져 내려올 테니 술렁임을 즐기고 인생을 만끽하기 바란다.

내 인생을 돌아보면, 대학교 4학년 여름에 인생의 첫 번째 큰 술렁임이 찾아왔다.

당시는 취직 준비를 하던 터라 1년 뒤에는 평범한 회사원으로 직장 생활을 하고 있을 거라고 생각했다. 그러나 자꾸만 술렁임이 일었다.

'내 인생, 이대로 평범하게 취직해도 되는 걸까?'

초의식은 그런 식으로 내 귓가에 속삭였다. 반면 잠재의식은 바보 같은 생각 말고 남들처럼 취직하라고 말했다. 지금의 나라면 그런 술렁임을 느끼자마자 당장 결단을 내리겠지만 당시에는 그런 이치를 몰랐기 때문에 한동안 몸부림치며 괴로워했다.

그러던 어느 날, 가끔 들르던 책방에서 재수 시절 큰 영향을 받은 학원 강사의 책을 발견했다. 별생각 없이 책장을 펼쳤는데, 마침 제자였던 대학생에게서 받은 편지를 소개하는 에피소드가 눈에 들어왔다.

그 대학생은 재수하며 학원을 다니던 시절 선생의 강의에 영향을 받았는지 대학을 졸업한 뒤 1년 동안 인도를 여행하며 편지를 보냈다고 한다. 물론 여행은 학생 본인의 주체적 결단이었다. 이에 대해서 선생은 이렇게 적었다.

"이 사람의 인생이 잘 풀릴지 장담할 수는 없지만 틀림없이 아주 재미있는 인간이 되어서 좋은 인생을 걸어갈 것이다."

'앗! 읽어버렸네.'

그리고 술렁임은 단숨에 사라졌다. 즉시 구직 활동을 때려치우고 그날로 대학 학생과에서 소개한 공장에 아르바이트 신청서를 냈다. 졸업 직전까지 그 일을 계속한 나는 그렇게 모은 돈으로 졸업 후 9개월 동안 세계를 떠돌았다. 귀국 후에는 상당히 힘든 시기도 있었지만 지금 이렇게 소원을 차근차근 이루면서 즐겁게 사는 것 역시 그때 결단을 내린 것이 큰 몫을 했다고 생각한다.

초의식은 멋지게 찾아왔다. 인생의 기로에서 고민하던 나에게 우연히 읽은 책의 한 구절은 사랑이 철철 넘치는 신호였다. 그 구절은 지금의 나에게도 여전히 살아 있다. 그래서 여러분에게도 바치고 싶다.

물론 반드시 잘된다는 보장은 없다. 어떤 일이든 해보지 않으면 모른다. 하지만 결과가 확실한 것만 골라서 사는 것만큼 따분한 인생도 없다. 모르는 것을 해보는 사람은 '아주 재미있는 인간'이 되어 틀림없이 좋은 인생을 걸어갈 수 있을 것이다.

그러면 이 시점에서 다시 한번 소원을 써보자. 사랑에 빠질 것만 같은 소원, 다시 말해 '꼭 하고 싶은 일' '꼭 갖고 싶은 것'을 지금 느낌 그대로 써보는 것이다. 기한은 신경 쓰지 않아도 된다. 꿈이나 소원을 생각할 때 가슴이 마구 떨리는 그 느낌을 펜에 실어서 쓴다.

만일 소원을 이루는 데 돈이 필요하다면 그것도 '필요한 금액'에 써넣는다. 세상의 모든 소원은, 물론 전부 그렇지는 않겠지만, 대개 돈 아니면 시간과 관계가 있다. 보통 둘 중 어느 한쪽이 부족한데 그 모자란 쪽을 채우면 대부분 이룰 수 있다.

때로는 시간조차 돈으로 살 수 있다. 최종적으로 세상의 소원 중 80%는 돈으로 어떻게든 이룰 수 있다. 물론 돈으로 다른 사람의 마음이나 운명까지 살 수는 없지만, 일이라면 비교적 쉽게 해결하는 데 도움이 된다는 말이다.

돈은 에너지의 화신이다. 143쪽 빈칸에 다섯 가지는 말할 것도 없고 한 가지든 두 가지든 소원을 썼다면 드디어 고대하던 제3장 돈을 끌어당기는 법으로 나아가자.

꼭 하고 싶은 일, 갖고 싶은 것을 있는 그대로 써보자

꼭 하고 싶은 일, 갖고 싶은 것	필요한 금액
1.	
2.	
3.	
4.	
5.	
합계(원)	

제2장
정리

♣ 수수경단을 들고 밖으로 나가자

뭐든 해보는 것이 중요하다.

소원이 이루어지지 않는다고 포기하면 그것으로 끝이다.

――――――

♣ 스트레스는 최고의 에너지

스트레스를 회피하는 인생과 받아들이는 인생이 있다.

스트레스를 받아들이는 순간부터 인생이 바뀐다.

――――――

♣ 에너지는 목소리와 눈과 배에 머문다

목소리를 내는 것으로 에너지가 솟아난다.

눈을 크게 뜨는 것으로 잠재의식이 활성화한다.

배에 집중해 에너지를 쌓는다.

――――――

♣ 사랑은 에너지의 원천이다

뜨겁게 사랑하는 소원이 아니면 이루어지지 않는다.

술렁임을 해결하면 인생은 빠른 속도로 재미있어진다.

이렇게 하면 점점 운이 좋아진다!

✤ 반드시 '스트레스는 건강에 좋다'에 체크한다.

✤ '목소리·눈·배'를 의식 하면서 '됐어! ○○가 이루어졌다'라고 힘껏 외친다!

✤ "나는 앞으로도 삶을 사랑하는 ○○가 될 거야!"라고 소리 내서 말 해본다.

✤ '꼭 하고 싶은 일, 갖고 싶은 것'에 필요한 금액을 적어본다.

제**3**장

필요한 돈을
끌어당기는
가장 확실한 방법

돈을 벌고 싶으면 에너지를 아끼지 마라

〈복숭아 동자〉에서는 수수경단이 바로 에너지라고 말했는데, 현실 사회에 대입하면 그 정체는 바로 돈이다. 복숭아 동자가 개와 원숭이, 꿩을 수수경단으로 고용했다고 생각하면 그것은 그대로 돈이 된다. 꿈을 깨뜨리는 소리 같지만 결국 복숭아 동자도 돈으로 도깨비를 물리친 것이다.

요즘 내 마음속에는 '풀코스 마라톤 완주'라는 술렁임이 일고 있다. 이왕 할 거면 나 혼자 마음대로 42.195km를 달리기보다는 정식 마라톤 대회에 출전해서 뛰고 싶다. 비록 지금은 5km도 달리지 못하지만. 후쿠오카 마라톤을 예로 들면, 응모하더라도 추첨으로 참가자를 선발하는 데다 출전 경쟁률도 자그마치 5:1이나 된다. 그런데 자선 기부로 100만 원 이상의 참가비를 내면

추첨 없이 출전할 수 있다. 하늘에 운을 맡기고 당첨되면 출전하는 쪽으로 마음을 정해도 그만이지만, 확실히 출전할 수 있는 방법이 있다면 그쪽을 택하는 편도 좋다.

다시 말해 100만 원의 여유 자금이 있으면 '풀코스 마라톤 완주'라는 술렁임을 처리할 수 있는 것이다. 결국 세계 일주를 하든, 결혼 정보 회사에 등록하든, 경력을 기르기 위해 자기에게 투자하든, 부모님과 온천 여행을 가든, 멋을 부리든 다 돈이 든다.

그래서 돈은 에너지 그 자체이다.

이 세상은 사회에 쏟은 에너지 대부분이 돈으로 돌아오는 구조로 이루어져 있다. 열심히 일해서 사회에 공헌하면 그대로 급여나 매출로 환원되는 것이다. 그러므로 돈을 벌고 싶으면 먼저 써야 한다. 하지만 쓰는 데도 에너지가 필요하다. 그리고 큰 에너지를 내면 그만큼 큰 에너지가 들어온다.

탄생 때부터 줄곧 팽창해온 우주는 끝없이 예금이 늘어나는

우주는 에너지 은행

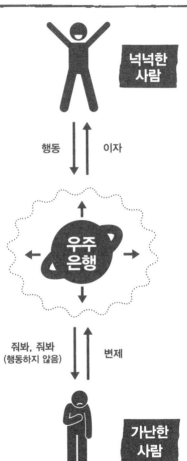

넉넉한
사람

행동   이자

우주
은행

줘봐, 줘봐
(행동하지 않음)   변제

가난한
사람

은행과 같다. 우주에 에너지를 맡기면 반드시 상당한 이자를 붙여서 돌려준다. 그렇게 하면 자기 자신의 그릇도 커지게 마련이라 많이 베풀게 된다. 그러면 주는 사람은 점점 더 넉넉해지고, 반대로 뺏을 생각만 하는 사람은 빚을 진 것처럼 많은 이자를 지불해야 하기 때문에 점점 가난해진다.

우주는 사람 하나하나를 잘 알기 때문에 절대로 그 사람의 능력 이상으로 무리하게 요구하지 않지만, 게으르거나 인색하게 구는 것은 매우 싫어한다.

우주는 청춘을 좋아한다

돌쟁이가 아장아장 걸음마를 시작하면 주위 어른들은 박수를 치며 크게 기뻐하지만 스무 살 된 청년이 걷는 것을 보고 대견해하는 사람은 아무도 없다. 하지만 20대 운동선수가 금메달을 따면 세상은 난리가 난다. 그리고 가령 그 선수가 본선 전에 부상을 입었지만 열심히 재활해서 출전했다면 그 사실만으로도 영웅 대접을 받는다.

왜냐하면 거기에는 '감동'이 있기 때문이다. 첫걸음마를 시작하는 아기를 보면 사람들은 감동한다. 유치원에 간 아이가 춤추고 노래하는 모습을 보면 감동한다. 아이가 열심히 공부해서 시험에 합격하면 감동한다. 운동선수가 금메달을 따면 감동한다. 지금까지 2km도 달리지 못하던 중년 남성이 풀코스 마라톤을 완주하면 감동한다. 설령 목표를 달성하지 못해도 노력하는 모습을 보면 사람들은 감동한다.

각자 활동하는 무대는 달라도 우주는 다른 사람에게 얼마나 큰 감동을 주었는가를 기준으로 판단한다. 다시 말해, 많은 사람이 감동할 만큼의 에너지를 발산한 사람에게는 그에 걸맞은 이자를 붙여서 돌려준다는 얘기이다. 그러면 어떻게 해야 많은 사람을 감동시킬 수 있을까? 이를 위해서는 먼저 나 자신부터 감동해야 한다.

사실 나도 감동이 있느냐 없느냐를 기준으로 일을 한다. 나는 종종 '감동이 있는 인생'을 청춘이라고 부른다. 모든 판단의 기준이 비로 이 청춘의 유무이다. 복숭아 동자가 동료를 이끌고 사기보다 힘센 도깨비를 무찌르러 간 것도 가슴 뜨거워지는 청춘의 일이다. 요컨대 하려는 일에 청춘이 있으면 득이 되든 말든 나는 일단 저지른다.

우주는 순수한 존재이다

우주는 청춘을 가득 품고, 설레는 마음에 두근거리며 감동의 눈물을 흘리며 애쓰는 인간을 응원한다. 그리고 그런 이들을 넉넉하게 만들어준다. 물론 그들에게는 돈도 들어온다. 2장에서 "소원을 사랑하라"고 말했는데 이 역시 같은 맥락에 있다. 청춘에는 사랑이 있기 마련이고, 나이를 먹어도 사랑이라는 감정은 중요하다.

이쯤에서 다시 한번 살펴보자. 2장 마지막에서 '하고 싶은 일'을 몇 가지 적어봤다. 여러분이 하고 싶어 하는 이 일에 감동이 전해지는가? 이왕 하고 싶은 일을 할 바에는 감동해서, 사랑해서 눈물을 흘리며 할 수 있으면 좋겠다. 단, 아무리 그렇더라도 하고 싶은 일을 하려면 대개 돈이 필요하다. 그러므로 이제부터는 본론인 '하고 싶은 일'을 하는 데 필요한 돈을 가까이 끌어당기는 방법을 이야기하고자 한다.

여러분은 사실 돈을 좋아한다

돈은 중요하다. 돈이 있으면 생활이 편리하다. 하지만 세상에는 돈 때문에 불행해지는 사람도 적지 않다. 돈만큼 사람의 인생에 큰 영향을 끼치는 물건도 드물 것이다.

돈은 선할까, 악할까? 돈을 바라보는 사람들의 마음은 다양하다. 이는 애초에 돈 자체에는 아무런 가치도 없고 어디까지나 무색투명하지만 거기에 색을 입히는 것은 각자의 상념일 뿐이라는 뜻이다. 돈을 좋아하든 싫어하든 그것은 여러분의 자유이지만 돈을 잘 벌 수 있는 사람은 거의 돈을 좋아하고, 돈을 못 버는 사람은 돈을 싫어하는 것 같다. 이쯤에서 묻고 싶다.

'여러분은 돈을 좋아하는가?'

이미 '돈을 잘 벌 수 있는 사람은 돈을 좋아한다'고 전제해버렸으니 여간해서는 싫어한다고 대답하기 어려울 테고, 또 실제로 많은 사람이 좋아한다고 대답할 것이다. 하지만 많은 사람이 돈을 좋아한다고 말하면서도 실제로 돈에 대해서 잘 알지는 못한다. 보통 자신이 좋아하는 다른 대상은 속속들이 알면서 말이다. 예를 들면 나는 만화 〈도라에몽〉과 〈근육맨〉을 어찌나 좋아하는지 마니아급으로 꿰뚫고 있다.

실제로 돈에 어떤 느낌이 있는지 어떤 모양으로 숫자가 씌어 있는지도 잘 알지 못한다. 요컨대 사람들은 흔히 돈을 좋아한다고 말하지만 깊은 곳, 다시 말해 잠재의식 차원에서 보면 반드시 그렇지도 않은 것 같다. 의식에서는 좋아하지만 잠재의식에서는 돈에 그다지 관심이 없는 경우가 많다. 어느 쪽이 현실로 나타날지는 두말하지 않아도 알 수 있을 것이다.

돈뿐만 아니라 청구서나 통장도 마찬가지이다. 보고 싶지 않아서 방치해두었다가 연체금이라도 발생하면 고스란히 손해로 이어진다. 이래서는 돈이 모이지 않는다.

하지만 지금 단계에서는 그것을 자각하는 것만으로도 충분하다. '좋아하는 줄 알았는데 사실은 그렇지 않았나 봐'라고 깨닫기만 해도 결과는 완전히 달라진다. '좋아한다'를 선택했다면 이제부터 그 방향으로 가면 되니까.

돈이 필요하면 '천사'에게 부탁하자

이제부터는 단계에 맞추어 돈을 가까이 끌어당겨보자. 첫 단계는 원하는 금액을 명확히 하는 것이다. 사람들은 막연히 '돈이 많으면 좋겠다!' '돈이 없어' '복권에 당첨되면 좋겠다'고 생각하는 정도이지 정확한 '금액'에 초점을 맞추는 경우는 별로 없다.

2006년 11월, 회사를 그만두고 1년 반쯤 지났을 때, 결혼을

하루 5분의 공상은
현실이 된다

생각하던 여자 친구(지금의 아내)가 내게 결혼 박람회에 가보자는 얘기를 꺼냈다. 썩 내키지 않았지만 무료 시식회도 있다는 말에 넘어가 두말없이 따라나섰다. 그리고 그곳에서 아주 좋은 예식장을 안내받았다. 어쩌다 보니 담당자와 가격 흥정까지 하게 되었는데, 순간 내 몹쓸 버릇이 튀어나와 나도 모르게 그만 덜컥 값을 깎아버렸다. 이렇게 된 이상 없던 일로 할 수는 없었다. 그 자리의 분위기도 있고 해서 눈 딱 감고 계약서에 사인을 하고야 말았다.

하지만 당시 나는 줄타기 같은 생활을 하고 있던 터라 결혼 자금 따위는 없었다. 얼마나 가난했는지 예식장 계약금 100만 원을 예비 신부가 대신 낼 정도였다. 하는 수 없이 지푸라기라도 잡아보자는 마음으로 어떤 성공한 사람에게 들은 방법을 시도해보기로 했다. '예금통장에 원하는 액수를 적어 넣는' 기술이었다.

우선 2,000만 원.

결혼식 한 달 전까지 돈 2,000만 원이 필요했기 때문에 통장에 '2007년 9월'이라는 날짜와 '2,000만 원'이라는 금액을 써넣었다. 그러자 다음 달에 내가 취급하던 상품의 커미션이 두 배가 되었다. 그 후에도 돈은 조금씩 들어왔다 하지만 9월이 되어도 통장에는 아직 1,000만 원밖에 모이지 않았다. 그래서 다시 지푸라기에라도 매달리는 심정으로 하늘을 올려다보며 이렇게 말했다.

"천사님, 나머지 1,000만 원도 꼭 채워주세요."

그 말을 마치고 나서 정확히 10초 뒤, 지인에게서 전화가 왔고 거짓말같이 그가 1,000만 원을 보내주어 통장에 딱 2,000만 원이라는 금액이 찍혔다.

이상한 이야기 같지만 사실 이런 일은 생각보다 흔하다. 당시는 '천사님'이라고 말했는데 결국 그것은 초의식이었고, 초의식의 힘을 빌리면 실제로 많은 것이 이루어진다.

필요한 돈을 끌어당기는 청구서

초의식은 모호한 것을 싫어한다. 그러므로 일단 금액을 명확히 정해야 한다. 143쪽으로 돌아가 '꼭 하고 싶은 일, 갖고 싶은 것'의 필요한 금액을 다시 한번 보자. 이미 써넣은 사람은 맞는지 확인해보고, 아직 쓰지 않은 사람은 지금 써넣는다.

정확한 금액을 알면 그 숫자를 쓴다. 알지 못하면 물론 대충 써도 좋다. 결혼이나 육아, 다이어트처럼 정확한 금액을 매길 수 없는 일이라도 그것을 하는 데 필요할 것 같은 금액을 쓰면 된다. 나의 경우를 예로 들어보면 다음과 같다.

● 풀코스 마라톤 참가: 100만 원

● 동유럽 여행: 300만 원

● 새 차: 3,000만 원

- 외모 관리: 300만 원

- 롤렉스 시계: 1,000만 원

  (합계 4,700만 원)

이 청구서는 초의식에 정확히 전달되므로 이제는 '잊어버렸을 즈음'에 돈이 들어오기를 기다리면 된다. 매달 정해진 월급을 받는 샐러리맨도 마찬가지이다. 생각지 못한 승진을 하거나 보너스를 받을 수도 있고, "와우~!"라고 외칠 만한 불로소득이 생길 수도 있다.

교토에서 부동산 중개업을 하는 K 씨는 매달 이 방법대로 초의식에 청구하고, 다달이 필요한 자금을 손에 쥔다고 한다. 또 효고현에서 사는 S 씨는 애인과 하와이 여행을 가고 싶어서 똑같은 방법으로 초의식에 300만 원 정도를 청구했다. 하지만 사실 큰 기대는 하지 않았다고 한다. 그런데 반년 뒤 애인의 형제가 하와이에서 결혼식을 하기로 했고, 경비를 부담하며 S 씨까지 초대해 함께 가게 되었다. 경비는 그가 청구했던 딱 300만 원이었다. 참고로 S 씨도 1년 뒤 그 애인과 멋지게 결혼에 성공했다. 치바현에 사는 A 씨는 내가 주최하는 규슈 투어에 참가할 비용을 청구했다. 그러자 그다음 달에 우연히 참가 비용이 생겼고, 그 자리를 계기로 애인까지 생겼다.

이 모든 일이 초의식에 청구하는 것에서부터 시작되었다. 모처럼 이 책을 샀으니 달리 잃을 것도 없다. 우선 원하는 것을 적어보자.

너무 큰 꿈이 이루어지지 않는 이유

가끔 '미국 전 국토 소유, 9만조 원'이라든지 '전 세계 석권, 1,000억 원'처럼 극단적인 소원이나 금액을 적는 사람도 있다.

'쓰기만 하면 되지, 뭐 어때?'라고 생각하는 건지 모르겠다.

진심으로 바라고, 또 그 소원을 이루기 위해 구체적인 행동을 조금이라도 취한다면 그것도 나쁜 일은 아닐 수 있다. 하지만 대부분 그렇지 않다. 웃기려고 하는 말이라 해도 센스가 없을뿐더러 한심하기만 할 뿐이다. 이런 극단적인 소리를 하는 사람은 자신의 열등감을 일시적이나마 감추려는 것이 목적인 경우가 많다.

'도쿄 올림픽에서 금메달을 딴다!'
(하지만 아무것도 하지 않는다.)

'티베트 수행으로 깨달음을 얻는다!'
(물론 아무것도 하지 않는다.)

'자전거로 세계 일주를 한다!'
(내일이라도 떠날 수 있지만 움직이지 않는다.)

실제로 이렇게 소원을 적는 사람을 본 적 있는데, 당연히 실현하기 위해 아무런 행동도 하지 않는다. 그저 극단적인 소원을 말함으로써 자신이 얼마나 배포가 크고 멋진 사람인지 과시하고 싶을 뿐이다. 그렇게 하면 일시적이나마 열등감을 잊을 수 있기 때문이다.

혹시 주변에 친절한 사람이 있어서 "대단하다"라며 칭찬이라도 해주면 이런 사람들은 극단적인 소원을 말하는 것에 점점 더 쾌감을 느낀다. 그리고 물론 아무것도 하지 않는다. 실제로 소원을 이루기 위해 노력하는 것은 상당히 힘들고, 그것이 가능하지 않으니 말하는 것만으로 자신을 위로한다. 그러다 다음 날 아침 일어나면 다시 찾아온 공허함에 짓눌린다. 차라리 조금 더 자면서 좋은 꿈을 꾸는 게 나을 것이다. 열등감에서 비롯한 소원은 바닷물과 비슷하다. 마시면 마실수록 목이 탄다.

소원을 적을 때 진심으로 마음 깊은 곳에서 간절히 바라는가?
소원을 생각하면 마음이 두근거리고 심장이 뛰는가?
소원이 이루어지면 눈물을 흘릴 만큼 기쁠 것 같은가?
자신의 소원에 진심으로 감동하는지 가슴에 손을 얹고 느껴보기 바란다. 만약 진심 어린 소원이라면 따끈따끈한 온기가 느껴지고 저절로 눈꼬리가 내려갈 것이다. 그러나 열등감이나 허영심에서 나온 소원이라면 호흡은 얕아지고, 가슴은 저릿저릿 아파오며, 미간의 주름은 깊어질 것이다.

소원이 진짜인지 아닌지는 자신이 제일 잘 안다. 특히 몸은 누구보다 정확히 알고 있다. 가슴에 손을 얹을 때 몸 어딘가에서 차가운 감각이 느껴진다면 그 소원은 진짜가 아니며, 아무리 해도 이루어지지 않는다. 따뜻한 감각이 느껴지는 소원을 찾아야 한다.

잠시 가슴에 손을 얹고 있을 때 온몸에 온기가 골고루 퍼지면서 진짜 소원이 저절로 떠오를지도 모른다. 그럴 때는 눈물이 날 수도 있다. 바로 그것이 이루어지는 소원이다.

극단적인 말로 남에게 칭찬이나 인정을 바랄 필요가 없다. 소원을 사랑하고 따뜻한 에너지로 가득 찬 상태. 그것을 찾으면 소원을 이룰 수 있는 돈도 반드시 따라온다.

금액을 적어 넣었으면 이 책은 끝까지 다 읽고 나서 책꽂이에 꽂아두면 된다. 책꽂이는 '발효 항아리'와 같다. 직접 써넣은 금액은 책꽂이에서 잘 발효해 꺼내 먹을 때쯤이면 저절로 찾아올 테니 그때까지 즐거운 마음으로 기다리기만 하면 된다.

돈과 친해지는 첫걸음

소원과 그 소원을 이루는 데 필요한 금액을 썼다면 이제 돈과 친해져야 한다. 돈이 나를 좋아하게 만들려면 우선 나부터 철저하게 돈을 좋아해야 한다. 지금까지는 돈에 대해서 잘 몰랐더라도 이제부터 사이좋게 지내면 된다. 그러기 위해서는 우선 늘 돈을 가까이해야 한다. 돈과 항상 함께 있으면 친근감이 강화된다. 같은 사람이나 물건을 자주 접할수록 그 대상에게 좋은 인상을 받게 되는 자이언스 효과(zajonc effect: 노출 효과 또는 반복 효과)를 이용하는 것이다.

'지갑에 100만 원을 넣어둔다.'

이것은 사실 유명 비즈니스 컨설턴트가 가르쳐준 방법인데, 상당히 효과가 크다. 돈을 꼭 많이 넣고 다녀야 좋은 건 아니고, 현실적으로 100만 원 정도면 충분하다. 그렇다면 왜 100만 원일까?

가령 길에서 갑자기 친한 후배를 만났다고 하자. 마침 둘 다 시간이 비어 근사한 곳에 가서 와인이라도 마시며 천천히 이야기를 나누기로 하는데 술값이 60만 원이나 된다. 게다가 현금만 받는 가게라니. 오랜만에 만난 후배인 데다가 선배 노릇을 하고 싶은 만큼 내가 계산하기로 한다. 이럴 때 지갑에 50만 원밖에 없다면 어떨까? 체면이 서지 않을 것이다.

얼마 전, 20명 정도를 인솔해서 유명한 절에 갔을 때의 일이다. 절에 들어가 정식으로 참배하려면 돈을 내야 한다. 10만 원 정도면 될 줄 알았는데 인원수가 많아서인지 40만 원이 필요했다. 일주일 전에 "지갑에 100만 원 정도를 넣어두고 다녀라"라는 말을 듣고 즉시 실천하고 있었기 때문에 아무렇지도 않게 40만 원을 낼 수 있었다. 하지만 솔직히 가슴을 쓸어내렸다. 만약 그전처럼 지갑에 2~3만 원밖에 없었다면 가까운 회원에게 빌릴 뻔했기 때문이다. 나중에 사람 수대로 나누어 돌려준다고 해도 재빨리 먼저 돈을 낸 쪽이 폼이 나는 건 당연하다.

이런 것들은 체면의 문제이기도 하지만 그게 전부가 아니다. 잠재의식에 돈이 '없다'고 입력해버릴 위험이 있다는 게 문제이다. 술값이 60만 원 나왔는데 지갑에 50만 원밖에 없다면 잠재의식은 50만 원밖에 '없음'을 입력해버린다. 절에서도 40만 원이 필요한데 주머니에 3만 원밖에 없다면 3만 원밖에 '없음'을 입력해버린다. 다시 말해 잠재의식에 '돈이 없다'는 게 입력되고, 그런 현실을 강화해버린다.

"여러분은 지금 돈이 있습니까?"

이 질문에 곧바로 "있다"고 대답하는 사람에게는 돈이 모여든다.

"부자는 점점 더 부자가 되고, 가난한 사람은 점점 더 가난해진다"는 말처럼 실제로 자본주의사회에서 돈은 '있는 곳'으로 자꾸 모이게 되어 있다. 그리고 그것은 개개인의 심층까지 침투해 있다. 돈이 없는 사람은 돈이 없다는 말을 입에 달고 살고, 돈 많은 사람은 당연하다는 듯이 여유롭게 돈을 쓰며 산다.

돈과 친해지려면 일상생활에서 '돈이 없는' 상태를 제거해야 한다. 그러기 위해서는 우선 평소에 필요 충분한 100만 원을 지갑에 넣고 다닌다. 단, 쓸데없는 낭비로 지갑의 돈이 줄지 않게 주의한다. 이상한 소리 같겠지만 나는 지갑에 100만 원을 넣고 다닌 뒤부터 은행에서 돈을 찾는 일이 거의 없어졌다. 웬일인지 지갑에 넣어둔 100만 원이 줄지 않기 때문이다.

이유는 별것 없다. 고객에게 현금을 받을 때도 있고, 때로는 회식 자리에서 각자에게 회비를 모아 받은 다음 내 카드로 결제를

해 현금이 그대로 남을 때도 있다. 가끔은 공돈이 생기기도 한다. 그러는 동안 예금통장에는 차곡차곡 숫자가 찍혀간다.

겨우 100만 원이지만 역시 돈이 돈을 부른다. 심리적으로도 늘 '있음'을 유지하기 때문에 돈이 궁하지 않게 된다.

참고로 하는 말인데, 동료들과 회식 자리에서 지갑에 100만 원을 넣고 다니는 방법을 이야기했더니 한 사람이 곧바로 ATM 기기로 달려가 100만 원을 찾아 지갑에 넣었다. 그는 젊어서부터 이미 경영 컨설턴트로서 성공한 사람이었다. 같은 자리에 있던 또 다른 사람도 다음 날 100만 원을 지갑에 넣어두었다고 하는데, 그녀 역시 이미 상당한 수입을 올리고 있는 직장 여성이었다. 역시 돈과 친한 사람들은 다 이유가 있었다.

"100만 원을 넣어두었다가 지갑을 잃어버리면 어쩌려고?" "100만 원이나 넣어두면 쓸데없이 돈을 쓰게 되지 않나?"라고 말하는 사람도 있다. 이는 돈을 잘 잃어버리거나 낭비하는 것을 전제로 하는 말이므로 이런 사람은 돈과 친해질 수 없다.

고마워하면 돈이 들어온다

지갑에 100만 원을 넣어두었다면 다음에는 돈에 감사할 것. 돈도 사람과 마찬가지로 감사를 받으면 기뻐한다. 그런데 뭔가에 고마워하라는 소리를 들으면 말은 하면서도 왠지 고마운 마음이 사라지는 경우가 많다. 하물며 '돈과 친해지기 위해서' 고마워하는 것이라면 진심이 아닐 수 있다. 돈에게 진정으로 고마워한다면 그 마음은 돈을 쓸 때 자연스럽게 드러난다.

나는 가볍게 한잔 마실 수 있는 바를 좋아하는데, 2차로 이야기를 더 나누고 싶을 때 자주 이용한다. 첫잔은 주로 마티니나 진토닉으로 시작한다. 어느 정도 고급스러운 바라면 진토닉 한 잔에 1만 5,000원 정도 하고, 대중적인 술집이라면 3,000원 정도부터 마실 수 있다. 물론 일류 바텐더가 만드느냐 아르바이트생이 만드느냐의 차이만 있을 뿐 레시피는 거의 비슷하다. 진과 토

하루 5분의 공상은
현실이 된다

닉만 비율대로 섞으면 되니까.

하지만 나는 1만 5,000원짜리 진토닉을 정말 좋아한다. 진과 토닉만 섞었을 뿐인데 1만 5,000원은 비싸다고 생각할 수도 있다. 하지만 최고의 장소, 최고의 바텐더, 최고의 동료, 최고의 대화와 함께하는 진토닉은 1만 5,000원 이상의 가치를 느끼기에 충분하다. 설령 3만 원이라고 해도 수긍이 갈 정도이다. 그래서 '이런 최고의 진토닉이 1만 5,000원이라니 고마운 일이야'라고 생각한다. 그 순간 잠재의식의 세계에서는 다음과 같은 수식이 성립한다.

감사 가격 – 실제 가격 = 잠재 가격
(3만 원)　　(1만 5,000원)　(1만 5,000원)

이 수식이 알려주는 것은 무려 1만 5,000원에 이르는 잠재 가격이 나중에 현금으로 돌아온다는 것이다. 이 식은 함께 술을 마셨던 어떤 부자에게서 배운 것이다. 결론은 자신이 언제든 가벼운 마음으로 1만 5,000원짜리 진토닉을 즐길 수 있는 '여유로운 그릇'이라는 이야기였다.

　반대인 경우도 있다. 패밀리 레스토랑에서 5,900원짜리 런치 메뉴를 먹는다고 치자. 햄버거, 생선튀김, 채소, 수프, 밥으로 구성된 점심 세트가 5,900원이라는 실로 놀라운 가격이다. 하지만 종종 패밀리 레스토랑에서는 주위의 눈살을 찌푸리게 만드는 사람을 볼 수 있다. 종업원의 대응을 트집 잡아 가게 안에서 마구 호통을 치는 볼썽사나운 손님이다. 5,900원짜리 호화로운 점심 메뉴에 감사하기는커녕 불평불만을 한 바가지 퍼붓고 그 가치는 알려고도 하지 않는다. 이렇게 하면 잠재의식에서는 다음과 같은 수식이 성립한다.

감사 가격 – 실제 가격 = 잠재 가격
(0원)　　　(5,900원)　(마이너스 5,900원)

　여기에서 잠재 가격 마이너스 5,900원은 언젠가 현금화되어 주머니에서 빠져나간다. 다시 말해 돈을 쓸 때마다 돈에 감사하는 습관이 있는 사람은 플러스의 잠재 가격이 훗날 현금이 되어 쓰면 쓸수록 돈이 알아서 굴러들어온다. 반대로 불만만 늘어놓는 사람은 마이너스의 잠재 가격이 나중에 그에게서 돈을 빼앗아가 점점 돈이 없어진다.

돈은 벌 때 이상으로 쓸 때 '감사하는 마음'을 가져야 점점 돈과 친해질 수 있다.

물론 이의 제기를 하는 것 자체가 무조건 나쁜 것은 아니다. 상황에 따라 반드시 지적해야 하는 경우도 있다. 하지만 고마운 마음은 잊지 말고 상대를 위해, 가게를 위해 핵심만 말해야 한다. 자기 기분이 나쁘다고 분풀이를 하는 것은 옳지 않다. 어떤 경우든 고마워하는 마음은 돈을 끌어당기고, 불만은 돈을 쫓아낸다는 점을 꼭 염두에 두기 바란다. 돈과 맺은 신뢰 관계는 돈을 쓸 때, 즉 돈을 손에서 놓을 때 쌓이는 법이다.

내친김에 돈을 쓰면서 더 많은 돈을 끌어당기는 마법의 주문

감사는 돈을 끌어당기고
불만은 돈을 쫓아낸다

감사
가격

잠재 가격

실제 가격

실제로 현금이 들어온다 ◄- - - - -

잠재 가격

실제
가격

감사 가격

- - - -► **실제로 현금이 나간다**

을 소개하겠다.

"고맙습니다. 친구 데리고 또 오세요."

돈을 낼 때, 돈에 대해 고마운 마음과 함께 다시 돌아오기를 바라는 마음을 이렇게 전하면 정말로 많은 친구를 데리고 오니 참으로 신기한 일이다. 이 주문 역시 어떤 부자가 가르쳐준 것인데, 이 주문이 습관화 되어서일까, 확실히 돈이 많아졌다. 이 주문은 마음속으로 외워도 된다. 참으로 간단한 방법이다.

돈을 끌어당기는 방법①

여기까지 읽는 동안 여러분이 앞서 써넣은 금액은 천천히 숙성되고 있다. 지금부터는 발효에 도움이 되는 두 가지 방법을 소개한다.

하나는 일시적으로 가열해서 단숨에 발효시키는 방법이다.

그것은 바로 '공포'이다.

가령 사람은 왜 음식을 먹을까? 간단하다. 먹지 않으면 죽기 때문이다. 따라서 먹지 못하는 것은 실로 엄청난 공포이다. 그래서 사람은 굶는 공포에서 벗어나기 위해 필사적으로 일하고, 경우에 따라서는 도리에 어긋난 짓이나 중노동 같은 고생도 기꺼이 받아들인다.

지금부터 딱 10년 전, 나는 그 공포에 본격적으로 직면했다. 회사를 그만두고 독립했을 때인데, 정말로 수입이 아예 없었던 것이다. 보통은 이럴 때 재취업을 생각하겠지만, 그것은 내게 굶는 것 이상의 공포였다. 눈앞에 이런저런 공포가 가득했다. 그 공포에서 도망치기 위해 나는 죽기 살기로 궁리했다. 그리고 정보를 찾아다녔다. 마침 그 무렵, 알고 지내던 한 주부가 내게 이런 이야기를 했다.

"이시다 씨는 좋겠어요. 프리랜서로 일하면 살기 위해 필사적일 수 있으니까요. 저도 프리랜서로 일하면서 돈을 벌고 싶은데 남편 월급이 있어서……."

이 말을 들었을 때 그녀가 정말 부러웠다. 그녀처럼 돈을 벌지 않아도 먹고사는 문제가 해결된다면 좋아하는 일을 하면서 살 수 있지 않을까?

그런데 지금 돌이켜보니 그녀의 말에 일리가 있었다. 만약 회사를 그만둔 내가 부모님 집에 얹혀살거나 부모님께 충분한 용돈을 받았다면 절대로 힘들게 일하지 않았을 것이다. 생존에 대한 공포가 없으니 분명 그냥저냥 안일하게 살았을 테다. 하지만 그렇지 않았기 때문에 필사적으로 노력했고 여기에 행운이 겹쳐 수입으로 이어지는 길을 발견할 수 있었다. 그 행운을 불러온 원동력이 바로 공포였다.

공포의 스트레스는 나를 크게 성장시켰고, 수입을 일으키는 데 큰 힘이 되었다. 사람은 공포를 피하고자 하는 욕구가 강하며, 그것이 돈을 버는 데 강력한 동기부여를 하는 것은 부인할 수 없다. 그러나 사람은 또한 공포로만 사는 존재가 아니다. 그것뿐이라면 주인의 채찍이 두려워서 일하는 노예와 무엇이 다르겠는가? 아무리 공포를 피하고자 하는 동기가 강하다고 해도 늘 뭔가에 위협받으면서 지내는 인생은 정말이지 불행할 것 같다. 하지만 공포를 이용하는 방법을 전부 버릴 수는 없다. 일상에서 적절히 활용할 필요가 있다.

앞서 적었던 목록에 '빚 갚기'가 있다고 하자. 그런데 이 빚은 사업 자금 등 건전한 의미에서의 빚이 아니라 직장인 대출이나 카드 대출 같은, 자칫 이자만 계속 갚아나가는 개미지옥 같은 빚이다. 나도 일시적이긴 하지만 카드 빚 신세를 진 적이 있는데, 다달이 이자만 잘 갚으면 하루하루 생활하는 데 문제가 없다. 몸이 부서져라 일하지 않아도 우선 살아갈 수는 있으니까.

그러나 잠시 멈춰 서서 생각해보자.

이자 변제가 길어지면 어떤 인생이 될지 그리고 인생에서 어떤 기회가 사라지는지. 가령 그 이자를 자신에게 투자할 수도 있다. 아파트 계약금으로 쓸 수도 있다. 부모님과 여행을 떠날 수도 있다. 돈을 모아서 결혼할 수도 있고 아이를 키울 수도 있다.

만약 10년 뒤에도 계속 이자만 갚고 있다면 어떻게 될까? 이런 생각을 하자 무시무시한 공포가 엄습했다. 적잖은 사람이 이런 공포에서 도망치기 위해 술에 빠지기도 하고 도박으로 인생 역전을 꾀하기도 한다. 금융기관의 단골이 되어 평생 그들의 배를 채워주는 것도 존중받아야 할 인생이긴 하다. 하지만 나는 그렇게 살기 싫었다. 나는 부자가 되어야 하니까.

그래서 눈앞의 공포를 외면하지 않고 하루라도 빨리 빚 갚는 일에 집중했다. 스트레스를 자기 성장의 발판으로 삼은 것이다. 그러고 나서 마침내 이자의 노예에서 벗어나 자유인이 되었다.

공포는 일시적으로 강한 동기를 부여한다.

하지만 그것은 어디까지나 일시적이어야 한다. 고온에서 단숨에 발효시킬 수는 있지만 오래 지속되면 타버린다. 인생을 공포

따위로 망치고 싶지 않다면 빨리 벗어나야 한다. 나의 인생은

과연 누구를 위한 것인가? 나 자신을 위한 인생이어야 하지 않

겠는가?

돈을 끌어당기는 방법②

발효를 진행시키는 두 번째 방법은 바로 '기쁨'이다. 서서히 부

풀어 오르는 풍요로운 느낌.

사람이 음식을 먹는 동기가 단지 죽을지 모른다는 공포 때문

만은 아니다. 공포가 고급 레스토랑에서 맛있는 음식을 먹을 이

유는 절대 되지 않는다. 사람은 누구나 맛있는 음식을 먹고 싶어

한다. 1만 5,000원짜리 진토닉도 마시고 싶어 한다. 왜냐하면 기

쁘기 때문이다. 그리고 그 감정이 강렬할수록 풍요로운 현실을

182

빨리 끌어당긴다.

지금부터 약 10년 전의 일이다.

독립한 뒤 4개월쯤 지나니 가지고 있던 돈이 바닥났다.

'어떻게 하면 프리랜서로 돈을 벌 수 있을까?'

단숨에 고온으로 달궈진 '공포'라는 감정은 4개월째에 어떤 신호를 보내왔다. 그것은 지인에게 가끔 빌려서 보던 포장도 제목도 없는 복사판 DVD였는데, 내용은 '세일즈 연수'에 관한 것이었다. 밤 11시가 넘어서 별생각 없이 노트북에 DVD를 넣고 재생시켰다. 수십 년 된 낡은 8mm 카메라로 녹화한 듯 열악한 화질, 더구나 도중에 스피커 한쪽 음성이 사라져서 잘 들리지도 않던 소리, 화이트보드의 글자도 강사의 얼굴도 제대로 보이지 않았다. 그런데 정신을 차리고 보니 어느덧 새벽 5시. 꿈결인 듯 아닌 듯 밤새워 보고 있었던 것이다. 동쪽에서 어슴푸레 하늘이 열리기 시작하는데, 그 순간 강렬한 깨달음이 전해졌다.

'이제 나는 절대로 돈에 쪼들리지 않는다!'

내 가슴은 터질 듯 두근거렸다. 그 DVD 속 강사는 당시 5년 뒤까지 일정이 차 있어서 외출조차 하기 힘들다는 영업의 신 가가타 아키라였다. 가가타 씨의 세일즈 방법을 실천하면 어떤 물건이든 팔 수 있을 것 같고, 돈에 쪼들릴 일도 영원히 없을 것 같았다. 그것을 실감하자 가슴이 터질 듯 벅차오르는 기쁨에 휩싸였다. 그러나 당시 내게는 팔 물건이 없었고, 당연히 수입도 없었다. 그래도 '뭔가 팔고 싶다! 팔고 싶다! 팔고 싶다!' 하는 열망에 사로잡혔다. 이런 강렬한 바람은 금세 팔 수 있는 상품을 끌어당겨왔다. 그다음 달부터 그 상품을 팔기 시작해서 결국 3년 동안 계속 팔았다. 이런 기적 같은 '끌어당김' 덕분에 지금처럼 세미나와 상담을 본격적으로 시작하기 전까지 잘 생존할 수 있었다.

여담이지만 DVD를 만나고 3년 뒤, 어떤 회사의 초대로 그토록 염원하던 가가타 씨의 생생한 연수를 받을 기회가 주어졌다.

놀랍게도 그는 나와 상당히 가까운 곳에 살고 있었고, 게다가 나와 같은 출판사에서 책을 내기도 했다. 이 정도의 싱크로라면 우주의 계산이 틀림없다.

하루에 몇 번씩 DVD를 보며 언젠가는 진짜 가가타 씨를 만나고 싶다고 생각했는데 그런 분이 가까운 거리에 살고 있었다니! GPS로 보면 거의 엎어지면 코가 닿을 만큼 가까운 거리였다. 역시 운이 좋았다. 우주의 계산이 있는 게 분명했다.

하루 5분의 공상은 현실이 된다

지금 또 한 가지 놀라운 사실을 확인했다. 여러분이 이 책을 손에 들고 있다는 사실이다. 오늘 하루에만 수백 권의 책이 간행되고, 1년으로 계산하면 수만 권이 발행된다. 그 이전에 나온 각종 서적까지 합치면 수억 단위의 '책의 우주' 속에서 이 책 한 권을 집어 든 것이다. 이것은 기적과 같은 확률이다. 정말이지 대박이라고 생각하지 않는가? 진짜 끝내주는 사건이다.

지금 여러분이 이 책을 읽기 전과 비교해서 어떤 기쁨에 휩싸여 있다면 이 책과 당신은 만나야 했기 때문에 만난 것이다. 이 기쁨은 앞으로 더욱 커져서 그에 어울리는 현실을 불러올 것이다.

지금의 이 기쁨 모드에서 다시 한번 143쪽의 '꼭 하고 싶은 일, 갖고 싶은 것'으로 돌아가보자. 그리고 자신이 쓴 내용을 보면서 이렇게 공상해보자.

'이 꿈이 실현되면 기분이 어떨까?'

'이 꿈이 실현되면 이 기분을 누구에게 전할까?'

잠시 공상을 하면서 가만히 음미해보자. 이 순간, 조금이라도 '눈자위의 열기'를 느꼈다면 준비 완료이다. 다시 말해 감동하고 있다는 뜻이다. 공포의 노예로 움직이는 것이 아니라 기쁨이 충만한 상태에서 차례차례 감동을 끌어당길 준비가 된 것이다. 자, 이제 공상에 빠져보자.

나라면 다음과 같이 할 것이다.

● 풀코스 마라톤 참가: 100만 원

'굉장히 힘들고 고통스럽겠지만 포기하지 않고 달리면 결승선에서 울음이 터지겠지. 그런 아버지의 모습을 아이에게 보여주는 것도 나쁘지 않아.'

● 동유럽 여행: 300만 원

'가고 싶은 나라는 터키, 그리스, 아르메니아. 마음이 맞는 사람들과 함께라면 최고일 거야. 그리스 와인을 꼭 마시고 싶다! 인생을 만끽하는 내 모습을 보면 부모님도 기뻐하시겠지.'

● 새 차: 3,000만 원

'지금 타는 차는 소형 왜건인데, 미니밴으로 바꾸면 좀 더 쾌적하게 운전할 수 있을 거야. 아, 기분 좋다! 차가 커지니 아이들이 정말 좋아하네. 물론 아내도 기뻐하고. 역시 잘 샀군.'

● 외모 관리: 300만 원

'옷이나 패션 전문가의 도움을 받아 지금보다 멋지게 변신하면 업무에도 신뢰감이 높아지고 스스로의 자신감도 향상될 거야. 우선 아내에게 칭찬받고 싶다.'

● 롤렉스 시계: 1,000만 원

'내가 좋아하는 사이토 히토리 씨가 "부자가 되고 싶으면 롤렉스 시계를 사라"고 해서 정말로 사버렸네. 음, 허세를 좀 부리는 것도 괜찮군. 이제 사람들한테 자랑해야지.'

이 공상은 하루 5분만 해도 충분하므로 습관처럼 하면 좋다.

자기 전, 이불 속에 들어가서 5분 동안 그저 공상하면 된다. 히죽 히죽 웃으면서 하면 훨씬 효과가 좋다. 특히 잠들기 전 시간은 정신이 멍해지고 잠재의식이 우위에 있기 때문에 이미지를 그려낼 때 한층 깊이 들어갈 수 있다. 이 좋은 시간을 그냥 둔다는 건 너무 아깝다.

공상할 때 '누구에게' '누구와'는 빠지지 않는 핵심이다. 사람은 감동을 다른 사람과 나누고 싶어 하는 존재이다. 기쁜 일이 있으면 함께 기쁨을 나누고 싶고, 다른 사람이 감동한 모습을 보면 자신도 감동하고 싶고, 그렇게 함께 웃고 울고 싶어 한다. 다른 사람과 함께 나누는 공상을 하면 혼자일 때보다 기쁨이 더욱 커지고 그에 걸맞은 현실도 빨리 끌어당길 수 있다. 그리고 '하고 싶은 일'을 실현할 수 있는 돈도 저절로 찾아온다.

"생각은 현실이 된다"고 하는데, 정확히 말하면 "공상이 현실이 되는 것"이다. 가능하면 공상을 이야기할 수 있는 동료가 있으면 최고이다. 그리고 공상을 할 때는 눈을 크게 부릅뜬다.

영적 기법이 효과 있는 사람, 효과 없는 사람

앞으로는 지갑에 100만 원 넣고 다니기, 돈을 쓸 때 감사하기, 공상하기, 감동하는 마음 잊지 않기, 그리고 이 책의 부록 원고를 가끔씩 읽기, 이것만 하면 된다. 나머지는 이 책을 책꽂이에 꽂아놓고 발효·숙성하기를 기다리면 된다. 그렇게 잊고 지내다 보면 어느 날 필요한 돈이 들어와서 깜짝 놀랄 것이다. 여기에 중요한 이야기를 두 가지 덧붙이고 싶다.

첫째는 '열심히 일할 것, 평소대로 행동할 것'.

돈을 끌어당기는 영적 기법 같은 것은 이 세상에 꽤 많다. 가령 '화장실 변기 뚜껑을 닫아둔다' '장지갑을 사용한다' '보름달이 뜨는 밤, 달빛에 통장을 비추어본다'……. 내가 아는 것만 해도 두 손으로 헤아릴 수 없을 정도이다. 이런 기법 중 많은 것이 효과가 있을 수 있지만 사람에 따라서는 효과가 전혀 없을 수도 있다.

그렇다면 어떤 사람에게 효과가 없을까?

'화장실 변기 뚜껑을 닫아둔다'고 했을 때 오로지 그것만 믿고 실천하는 사람이다. 일을 하거나 몸을 움직이는 것을 스트레스라고 생각해서 가능하면 피하려고 하는 사람이 있다. 복권에 당첨되면 당장 일을 그만두겠다고 말하는 사람도 그런 부류이다. 이런 사람에게 변기 뚜껑만 닫아도 재물이 들어온다는 말은 너무나 매력적인 이야기이다. 하지만 이런 방법이 정말 효과가 있는 사람은 오히려 평소에도 일을 아주 열심히 하는 사람이다.

영적 기법을 '이 세상'의 방식으로 생각하면 인과관계나 재현성이 거의 보이지 않는다. 하지만 어쩌면 눈에 보이지 않는 '저세상'의 논리로는 뭔가 있을지도 모른다.

가령 '변기 뚜껑을 닫는다 → 청결에 신경 쓰게 된다 → 기분이 좋다 → 긍정적 기분이 된다 → (여러 인과관계로) → 돈을 잘 벌게 된다'가 되는 것이다.

분명 이런 흐름도 있지만, 나 같은 사람은 오히려 '변기 뚜껑을 닫았으니까 이제 괜찮아'라고 생각해버린다. 다시 말해 '영적 기법=저 세상 논리'라고 한다면 그 밑바탕에 깔린 것은 '그것을 따르면 괜찮다'는 느낌이다. 단, 그 '괜찮다'를 받아들이는 방법은 크게 두 가지로 나뉜다.

1. 괜찮으니까 행동한다.
2. 괜찮으니까 행동하지 않아도 된다.

똑같이 괜찮더라도 조금 더 행동하는 사람과 쉽게 그만둬버리는 사람이 있다. 행동하면 아무래도 스트레스를 받는다. 실패할 위험도 있다. 하지만 우주의 논리로 보호받는다는 느낌이 들면 그런 스트레스도 나쁘지 않고, 실패도 성장의 밑거름으로 삼을 수 있다. 그러므로 이 책을 책꽂이에 꽂는 시점부터 이미 괜찮기는 하지만 그것은 '꾸준히 행동해도 괜찮다'는 뜻이지 결코 행동하지 않는 것을 정당화하는 것은 아니다.

《지구는 행동하는 별이라 움직이지 않으면 아무것도 시작되지 않아요》라는 책의 저자인 사이토 히토리 씨의 말처럼 행동량을 계속 늘려야 저 세상, 우주로부터 사랑받고 뛰어난 효과를 볼 수 있다. 그리고 말할 것도 없이 저 세상이란 초의식이다. 초의식에는 분명히 요청 사항이 도착해 있기 때문에 어쩌면 성장을 위해서 신호를 보내줄지도 모른다. 신호를 받을 때는 술렁임이 일어난다. 그 술렁임에 따라서 제대로 행동하자. 괜찮다.

일본의 극작가이자 시인인 데라야마 슈지는 "책을 버리고 거리로 나가자"고 말했는데, 나라면 "책은 책꽂이에 꽂아두고 거리로 나가자"고 말하고 싶다. 책이 발효되기를 기다리는 것은 정말이지 즐거운 일이다.

돈은 마음을 비추는 거울

두 번째로 중요한 이야기는 '신경 쓰지 않는 것'이다. 책을 책 꽂이에 꽂고 나서 언제 될까, 아직 멀었을까 조바심 내지 말자. 소원이 잊어버렸을 즈음에야 이루어지듯이 돈도 잊어버리고 열심히 움직이다 보면 알아서 들어오기 때문이다.

개중에는 "책을 꽂아둔 지 50일이 지났다"며 내게 일부러 보고하는 사람이 있는데, 그럴 필요도 없고, 오히려 그러지 않는 편이 좋다. "책꽂이에 책을 꽂은 지 50일이 지났다"는 말 뒤에는 '그런데 아직 돈이 충분하지 않다'는 메시지가 내포되어 있기 때문이다. 그래서 '없다'는 상태가 실현되어버린다.

필요 충분한 돈을 끌어당기기 위해서는 늘 '돈이 있는' 상태여야 한다. 그러기 위해서는 일일이 신경 쓰지 말고 언제나 여유 있는 마음으로 지내야 한다. 모든 일은 최고의 타이밍에 찾아온다는 이야기를 믿자.

내가 처음으로 초의식에 청구를 시작한 것은 2005년 독립했을 때이다. 그때부터 이미 '연 수입 2억 원'이라고 적었다. 기한은 매년 연내로 정했다. 그러나 이 소원만큼은 오랫동안 이루어지지 않았다. 하지만 일단 생활하는 데 불편이 없었기 때문에 그다지 신경 쓰지도 않았다. 그리고 2013년, 마침내 연 수입 2억 원에 도달했다. 그것도 무리 없이, 아주 자연스럽게.

돌이켜보면 청구 금액에 도달한 것은 나 자신이 그만큼 성숙했기 때문이었다. 다시 말해 그 정도의 수입을 올릴 만큼의 능력이 생겼다는 뜻이다. 극단적 이야기로, 회사를 그만두고 곧바로 복권에 당첨되어 2억 원을 벌었다면 어떻게 되었을까? 아마 지금의 나는 없을 것이다. 사실, 고액 복권에 당첨된 사람들을 추적 조사한 결과를 보면 80% 이상이 당첨되기 전보다 훨씬 불행해졌다고 한다. 개인 파산을 신청한 사람도 적지 않다.

역시 사람은 돈을 담는 그릇이 저마다 다른 것 같다. 자기 그릇 이상으로 돈이 너무 많이 들어오면 대부분 흘러넘칠 뿐만 아니라 심하면 그릇까지 깨져서 불행해진다. 정말로 중요한 것은 일시적으로 큰돈을 버는 것이 아니다. 그보다는 앞으로의 인생을 풍요롭게 보내는 데 필요 충분한 돈이 지갑에 늘 들어 있는 것이다.

'10억짜리 보석'이 정말로 그 사람에게 필요하면 자연스러운 형태로 찾아온다. 하지만 그것이 열등감에서 비롯된 바람이거나 단순한 허세라면 기대하지 않는 편이 좋다.

돈은 자신의 마음을 비추는 거울이다.

손에 쥘 돈을 결정하는 것은 오로지 자기 자신의 마음뿐이다. 정말로 설레는 기분으로, 넉넉한 마음으로, 때로는 감동의 눈물을 흘리는 날들을 보내다 보면 그 상황에 딱 맞는 돈이 반드시 들어온다. 이 장에서 이야기 한 돈을 끌어당기는 방법을 시험 삼아 즐겁게 시도해보기 바란다. 잃을 것은 하나도 없다.

하루 5분의 공상은
현실이 된다

기쁜 마음으로 이 책에 원하는 금액을 써넣은 다음 책꽂이에서 잠자게 내버려두자. 그러다 보면 어느 날 마침내 숙성될 테니, 그때까지 즐거운 마음으로 기다리기만 하면 된다. 이 '설레면서 기다리는 마음'이야말로 운을 크게 키우는 자양분이 되고 발효를 진행시키는 효모가 되어 생각 이상의 결과를 불러올 것이다.

이 책의 마지막에 따로 실은 부록을 여러분께 선물한다. 그 이름은 이렇다.

'돈을 끌어당기는 범자(梵字)의 비밀'

'누구나 10년 안에 100억 원을 버는 법'

부록을 여러 번 읽으면 발효가 착착 진행되어 생각보다 빨리 소망하는 금액이 들어올 것이다. 적어도 아홉 번은 읽기 바란다.

♣ 에너지는 돈으로 표현된다

사회에 쏟은 에너지는 돈으로 돌아온다.

감동이 있는 곳에 돈이 있다.

부탁하면 돈은 찾아온다.

- - - - - - - - - - - - - -

♣ 허세 가득한 소원은 이루어지지 않는다

다른 사람에게 인정받고자 하는 소원은 버려라.

소원이 진짜인지 가짜인지 몸은 알고 있다.

- - - - - - - - - - - - - -

♣ 감사가 돈을 부른다

늘 돈이 '있는' 상태를 유지하면 돈은 저절로 찾아온다.

감사 가격이 실제 가격을 웃돌 때 이것은 현금화된다.

- - - - - - - - - - - - - -

♣ 기쁨과 공포는 돈을 더 빨리 끌어당긴다

일시적으로 공포의 감정이 필요할 때도 있다.

기쁜 감정은 돈을 영원히 끌어당긴다.

기쁨에 누군가를 더하면 발효가 더 잘 진행된다.

이렇게 하면 점점 운이 좋아진다!

✤ 다시 한번 제2장의 '꼭 하고 싶은 일, 갖고 싶은 것'과 필요 금액을 확인한다.

✤ 지금 당장 지갑에 '100만 원'을 넣어두자.

✤ 돈을 쓸 때는 입버릇처럼 "고맙습니다. 친구 데리고 또 오세요"라고 말한다.

✤ 침대에 누워 5분 동안 공상하는 습관을 들이자!

✤ '돈을 끌어당기는 범자의 비밀'과 '누구나 10년 안에 100억 원을 버는 법'을 아홉 이상 번 읽는다.

이제 아무것도
필요 없다!
최고의 운을 가진
최상의 순간

만화 주제가에 숨은 비밀

2014년 11월, 3주 동안 나는 후쿠오카에서 도쿄까지 자전거로 이동하며 강연하는 투어를 감행했다. 사실 자전거를 타고 각 도시를 돌면서 강연하는 것은 8년 전부터 꿈꿔온 일이었다. 투어를 감행하기 석 달 전에 갑자기 우주의 목소리, 그러니까 술렁임이 느껴져서 이제 때가 되었다는 확신이 들었다. 그 술렁임이 있은 다음 날은 《3개의 소원 100일의 기적》 출판 기념 강연회가 있었는데, 그 자리에서 선언한 터라 더는 미룰 수가 없었다. 언행불일치의 겁쟁이가 될 수는 없었으니 말이다.

그렇게 선언을 하고 착착 준비해 마침내 출발 전날이 되었다. 하지만 가슴속에 커져가는 막연한 걱정과 불안감에 솔직히 우울하기까지 했다. 그날 밤, 다섯 살 된 큰아이와 목욕을 같이 했는데, 갑자기 아이가 노래를 부르기 시작했다. 일본의 국민 만화 〈도라에몽〉의 주제가 〈꿈을 이루어줘 도라에몽〉이었다. 나도 텔레비전에서 몇 번 들은 기억이 났다.

'꿈을 이루어줘라니……'

마침 다음 날부터 나는 꿈을 싣고 자전거 여행을 떠난다. 식구들이 모두 잠든 고요한 집에서 홀로 늦게까지 출발 준비를 하다가 문득 큰아이가 부른 노래를 유튜브에서 재생해보았다. 이런 가사였다.

마음속으로 항상 그리고 있는

꿈을 실은 나만의 세계지도

하늘을 날아, 시간을 넘어 아득히 먼 나라라도

자, 문을 열고 떠나고 싶어, 지금 당장이라도

어른이 되면 잊어버리는 걸까?

그럴 때는 떠올려보자

랄랄랄라 내 마음에

영원토록 빛나는 꿈

도라에몽 그 주머니로 이루어줘

랄랄랄라 노래 부르자

다 함께 손을 잡고

도라에몽 온 세상에 꿈을, 그래 넘치게 해줘

하고 싶은 일, 가고 싶은 곳, 찾았으면

망설이지 말고 신을 신고 떠나자

괜찮아, 혼자가 아니야, 내가 있잖아

반짝반짝 빛나는 보물을 찾으러 가자

길을 잃고 헤매더라도 울지 마

비밀 도구로 도와줄게

랄랄랄라 휘파람 불면서

씩씩하게 걸어가자

도라에몽 저 마을로 우리를 보내줘

랄랄랄라 우리의 미래

꿈이 한가득 넘치네

도라에몽 네가 있으면 모두 웃음 짓지

어른이 되어도 절대로 잊지 않을 거야

소중한 추억 언제까지나 영원히

노래를 듣고 있으니 나도 모르게 눈물이 흘렀다.

음악은 정말이지 너무하다. 이렇게 단숨에 가슴을 때리다니……. 어릴 때는 누구나 순수하게 꿈을 꾼다. 하지만 어른이 되면 어느덧 꿈을 잊어버린다. 포기하기도 한다. 하지만 그럴 때야말로 떠올려보자. 도라에몽을, 다시 말해 '우주=초의식'의 존재를. 초의식은 여러분의 꿈과 소원이 이루어지도록 항상 격려한다.

하고 싶은 일, 가고 싶은 곳이 있다면 일단 한 걸음 내디뎌보자. 길을 잃고 헤매도 괜찮다. 늘 초의식이 곁에 있어줄 테니. '비밀의 도구=신호'로 도와줄 테니. 그러니까 꿈을 떠올리며 한 걸음 내딛기 바란다. 전진하기 바란다. 그리고 아이에게 뒤지지 않을 만큼 큰 꿈을 꾸기 바란다.

이런 생각을 하면서 이 노래를 찾아 들어보자. 여러분의 깨끗하고 순수한 마음을 뒤흔들지도 모른다.

꿈은 한없이 커지는 것이다

후쿠오카에서 도쿄에 이르는 자전거 강연 투어는 정확히 21일째 되는 날 무사히 끝났다. 정말로 더없이 즐거웠다. "이제 아무미련 없어. 야호!" 하고 소리쳤다.

그런데 며칠 전, 친한 친구가 자신의 형이 만든 블로그를 알려주었다. 블로그를 별생각 없이 읽어 내려가던 중에 또 다른 술렁임이 찾아왔다. '나도 자전거를 타고 유라시아 대륙을 횡단하고 싶다'는 생각이 든 것이다. 그렇다, 그 형이 일찍이 자전거로 세계 여행을 한 것이다.

이런, 알아버렸다, 읽어버렸다.

42세, 중년의 아저씨, 운동선수라면 거의 은퇴할 나이. 심지어 아이도 아직 어리다. 게다가 유라시아 대륙 횡단이라니 너무도 버겁고 위험한 일이다. 도로 사정이나 치안 상태가 좋지 않은 곳도 있을 것이다. 이야기를 들어보니 사람이라고는 그림자도 찾아볼 수 없는 사막지대를 수백km나 지나가야 할 때도 있다던데, 그렇게 되면 당연히 잠은 길에서 텐트를 치고 잘 수밖에 없다. 생각할수록 우울해지는 술렁임이다.

'후쿠오카에서 도쿄까지 자전거 강연 투어'라는 꿈을 이제 막 이루었는데, 또다시 장대한 꿈이 새롭게 생겨버렸다. 꿈은 아무리 이루어도 끝이 없는 걸까? 하지만 동시에 위험하리만큼 두근두근 술렁이는 나를 발견했다.

꿈은 한없이 커지는 것이다.

지금 당장은 어렵지만 나는 쉰 살이 되는 8년 뒤에 이 꿈을 이루는 목표를 세웠다.

'나는 쉰 살에 자전거로 유라시아 대륙을 횡단한다!'

이 꿈을 실현하려면 우선 무조건 건강해야 한다. 당뇨나 혈압약을 챙겨 들고 여행을 떠날 수는 없다. 그리고 경제력도 무시할 수 없다. 여행하는 1년 동안은 일을 할 수 없으니 여행 경비는 물론 가족의 생활비까지 충분히 마련해두어야 한다. 일하지 않아도 수입이 들어오는 구조를 만드는 것이 중요하다. 마지막으로 필요한 것은 기분 좋게 배웅해줄 동료들이다. 가족이 가장 먼저이지만 업무로 만나는 동료들의 응원도 중요하다.

꿈을 '미래'로 설정하면 역으로 '지금' 해야 할 일이 분명해진다. 자전거 여행이라고 하면 별 의미 없는 사소한 꿈으로 보일지 모르지만, 꿈은 어디까지나 나만의 것이다. 나 자신이 설렌다면 그것으로 충분하다. 하나의 꿈이 실현되면 다시 새로운 꿈이 나타난다. 그렇게 나는 죽을 때까지 계속 꿈을 꾸고 싶다.

꿈에 살고, 꿈을 이루면서 죽고 싶다.

"태어날 때 나는 울고 주위 사람들은 모두 웃었다. 죽을 때는 나는 웃고 주위 사람들은 모두 우는 인생을 살아야 한다."

미국 원주민들 사이에서 전해 내려오는 이야기이다. 죽을 때는 아무런 후회도 미련도 없이, 한바탕 웃으면서 죽고 싶다. 그러기 위해서는 꿈을 자꾸만 키워야 한다.

기쁨과 공포의 눈금

때로는 위험한 꿈도 있다. 자전거로 유라시아 대륙을 횡단한다는 이야기는 듣는 것만으로도 충분히 위험하다. 하지만 위험한 꿈뿐만 아니라 아무리 안전해 보이는 꿈이라도 지금의 내게는 모두 변화를 일으킨다.

잠재의식은 변화를 싫어한다. 어떤 꿈이든 그것이 변화인 이상 잠재의식은 위험으로 간주한다. 잠재의식이 추구하는 것은 오직 하나이다. 안심·안전. 그리고 잠재의식에서 안심·안전이란 '현재 상태의 유지'이기 때문에 설령 지금 몸이 아프더라도, 가난하더라도 지금의 상태를 그대로 유지하려고 한다. 하지만 잠재의식이 강하게 현상 유지를 추구하는데도 불구하고 이 세상에는 현재 상태를 타파하는 것에 쾌감을 느끼는 사람이 많다. 그들의 잠재의식이 이상한 걸까? 아니다, 그렇지 않다. 그들의 잠재의식 역시 필사적으로 저항하고 있을 것이다.

　　그렇다면 그들은 어떤 점이 다른 걸까? 잠재의식보다 초의식의 존재를 좀 더 가깝게 느낀다는 것이 그들의 다른 점이다.

　　잠재의식은 과거의 '위험 패턴'을 모두 프로그래밍한다. 한 번이라도 굴을 먹고 탈이 난 경험이 있는 사람은 그때의 고통이 트라우마로 남아 분명 맛있는 굴인데도 끔찍하게 싫어하게 되는 것이 그러한 예이다. 잠재의식 속에 '굴=위험'이라는 것이 일반화되어 있기 때문이다. 그러나 모든 굴이 위험한 것은 절대 아니다. 나는 지금까지 수없이 많은 굴을 먹었지만 한 번도 탈이 난 적이 없다. 굴을 먹고 탈이 날 일은 확률적으로 매우 드물다.

　　하지만 잠재의식은 복잡한 것을 싫어하고 모든 일을 단순하게 일반화하려는 성질이 있다. 따라서 한 번이라도 위험을 체험하면 그와 유사한 것은 모두 위험하다고 여긴다.

　　굴 1,000개 중에서 999개가 안전해도 딱 하나 위험한 것을 체험해버리면 이후 모든 굴을 위험하게 여긴다는 뜻이다. 확률적으로 대부분의 굴은 분명히 안전한데도 단 한 번의 고통스러운 체험을 기반으로 위험하다고 간주해버리니, 생각해보면 참으로 어이없는 일이다. 머리(의식)로는 위험하지 않다는 것을 알고 있지만, 몸(잠재의식)은 굴만 봐도 얼굴이 찌푸려지는 것처럼 잠재의식은 좋든 싫든 안심과 안전을 지키기 위해서 공포라는 감정과 감각으로 제동을 건다.

반면 초의식은 성장을 독려한다. 그리고 그 바탕에는 기쁨이라는 감정이 있다. 공포는 다양한 경험을 기반으로 프로그래밍된 감정인 데 반해, 기쁨은 모든 조건으로부터 자유로우며 인간과 우주의 본질이기도 하다.

인간의 아기는 태어나서부터 적어도 1년 동안은 혼자서 아무것도 할 수 없다. 그리고 눈곱만큼의 공포도 없이 이 우주를 온전히 믿으며 의지한다. 태어난 것 자체가 축복이고, 아기 역시 그

점을 알기 때문에 의심 없이 세상의 모든 것에 몸을 맡길 수 있다. 그야말로 기쁨에 가득 찬 존재이다.

하지만 아기가 자라면서 기쁨 쪽에 위치하던 눈금은 서서히 공포 쪽으로 옮겨간다. 잠재의식이 위기를 프로그래밍해버리기 때문이다. 하지만 그것은 단순히 남보다 굴을 많이 먹고 배탈이 나는 것과 같다. 본인의 잘못은 조금도 없고, 마침 우연히 상한 굴을 먹었을 뿐이다. 단지 그 경험 때문에 기쁨에서 공포로 눈금이 옮겨간 것이다. 다시 말해 공포의 원인은 '마침 우연히'이고, 그 자체에 어떤 필연성도 없다는 뜻이다. 지금 여러분의 눈금은 어디쯤 위치하고 있을까?

공포라는 감정이 없는 사람은 극히 드물 것이다. 공포를 느끼기 때문에 우리는 위험으로부터 몸을 지킬 수 있다. 만약 공포를 느끼지 못한다면 밖으로 나가 길을 걷는 것조차 너무 위험하다. 아이는 공포를 잘 모르기 때문에 부모가 손을 잡아주어야 한다.

중요한 것은 일상 속에서 기쁨과 공포 어느 쪽을 많이 느끼며 사는가이다. 바꾸어 말하면 이렇다. 잠재의식(공포)의 노예로 살고 있는가, 아니면 초의식(기쁨)의 축복을 받으며 살고 있는가? 어느 쪽에 속하는지에 따라 평소의 행동 패턴이 결정된다.

공포의 성공 스토리

공포를 느끼면서 사는 사람은 제일 먼저 안전을 추구한다. 그래서 '물질'로 몸을 지키려고 한다. 물질의 대표적 예가 돈이다. 돈이 있으면 공포를 지울 수 있다는 생각에 수단과 방법을 가리지 않고 악착같이 돈을 버는 사람이 적지 않다.

그들은 처음부터 사람을 믿지 않기 때문에 남을 속여서라도 돈을 모은다. 이 세상에서 믿을 수 있는 것은 오직 돈뿐이기 때문이다. 돈이 있으면 안전하다고 느끼고, 없으면 불안해하거나 심하면 공포마저 느낀다. 그런데 아무리 큰돈을 벌어도 만족하는 법이 없다. 오히려 돈을 많이 벌수록 더욱 돈에 집착하며, 늘 돈을 지켜야 한다는 공포와 싸운다. 바닷물과 비슷하다. 마시면 마실수록 목이 탄다. 많이 벌수록 두려워진다. 하지만 물질을 좇는 것을 멈출 수는 없다.

돈 같은 물질로 무장하면 나름의 지위를 얻게 된다. 이른바 사회적 지위, 신분이다. 하지만 이것은 돈 버는 능력이 있는 사람들의 이야기이다. 그렇지 못한 사람들은 물질적으로 궁핍한 상태에서 그저 공포에만 빠져서 지낸다. 그들은 당연히 사회적 지위도 없고 오직 다른 사람과 사회를 증오하며 살아간다.

돈 버는 능력이 있는 사람들은 물질 면에서 풍족해지고 높은 지위도 얻는다. 그 결과 다른 사람에게 인정받고, 그것을 통해 동료가 있음을 실감한다. 하지만 그 동료는 대부분 물질이나 지위에 이끌려 형식적으로 다가오는 경우가 많다. 어쨌든 동료의 존재를 인정하고 차차 자신과 조직을 성장시키는 일에 흥미를 느끼기 시작하면, 성장을 통해 점차 '변화'를 받아들일 수 있다.

세상에는 밑바닥에서부터 올라간 자수성가 유형의 성공담이 적지 않다. 이런 스토리는 사람들에게 많은 공감을 얻을 수는 있지만, 본인이 정말로 행복한가는 또 다른 이야기이다. 바탕에 깔린 공포의 감정이 뿌리 깊게 남아 있는 한 그 이면은 겉으로 드러난 성공과 정반대일 수 있다. 예를 들면 가정이나 건강, 정신에 문제가 있는 경우도 흔하다.

내가 좋아하는 로커, 야자와 에이키치는 가난한 소년기를 보낸 뒤 '위대한 사람이 되겠다'고 마음먹고 상경했다. 그리고 대스타가 되었다. 하지만 친척의 배신으로 하루아침에 300억 원이라는 큰 빚을 지고 말았다. '가난은 공포'라는 확고한 신념으로 엄청난 성공을 거머쥐었지만, 공포의 감정 자체를 버리지 못했기 때문인지 공포의 현실이 재현되고 말았다. 물론 지금의 에이키치 씨는 어려움을 이겨내고 기쁨 쪽으로 눈금이 완전히 기울어져 있지만 말이다.

공포의 성공담이 진행되는 과정을 정리해보면 다음과 같다.

공포 → 안전 → 물질 → 지위 → 인정 → 동료 → 성장 → 변화

'인생은 괜찮다'는 사실을 아는 사람들의 세계

눈금이 기쁨 쪽으로 기울어진 사람은 어떤 인생을 살까? 그들은 공포에 사로잡혀 사는 사람들과 완전히 반대 과정을 밟는다. 기쁨으로 충만한 사람은 갓 태어난 아기처럼 기본적으로 우주를 신뢰하고, 인생은 '괜찮다'는 사실을 안다. 그렇기 때문에 맨 먼저

변화를 추구한다. 색다른 것을 좋아하고 미지의 세계를 동경하며 첫 경험을 즐긴다. 가령 술집에서 처음 보는 메뉴가 있으면 일단 주문하는 식이다.

나도 그런 부류이다. 예전에 곤충 요리 연구가의 '메뚜기 모임'에 참가한 적이 있다. 잠자리채를 들고 강가 모래밭에 모여서 메뚜기 같은 곤충을 잡아 그 자리에서 요리해서 먹는 이벤트였다. 전부터 나는 그의 블로그를 애독하면서 미지의 세계를 동경했고, 이벤트에 참가하는 것이 꿈이었다.

주위 사람들은 "으악!" 하며 거부감을 보였지만 나는 그 이벤트를 진심으로 즐겼다. 실제 모든 곤충이 의외로 맛있다(멧누에라고 부르는 큰 나방의 번데기는 맛이 좀 심했지만······).

물론 곤충을 먹는 것이 기쁨의 조건일 수는 없지만, 미지의 것일수록 즐거움을 주는 경향이 있다. 이렇게 미지의 세계를 경험함으로써 내 안에서 변화가 일어나고, 그 결과 좀 더 성장하게 된다. 미지의 세계, 성장의 끝에는 새로운 동료가 기다리고, 당연히 서로는 상대를 인정한다.

〈긴 숟가락 지옥〉이라는 이야기가 있다. 저승에서는 음식을 먹을 때 반드시 자루가 긴 숟가락을 써야 하는데, 그 자루가 어찌나 긴지 음식을 떠서 자기 입으로는 가져갈 수가 없을 정도이다. 그런데 서로 나부터 먹겠다고 욕심을 부리는 탓에 아무리 애를 써도 결국 한 숟갈도 먹지 못한다는 이야기이다. 그곳이 바로 지옥이다. 반면 천국에서는 긴 숟가락으로 음식을 떠서 서로 먹여주기 때문에 다들 배부르고 행복하게 산다는 것이다.

이 이야기처럼 공포의 눈금 쪽으로 기울어진 사람들이 사는 '공포의 세계'는 서로 물질, 즉 음식만 추구하느라 아귀다툼을 벌이는 지옥 세계이다. 이곳의 사람들은 긴 숟가락으로 혼자만 먹겠다고 욕심을 부리다가 결국 모두 비참한 결과를 맞는다.

기쁨의 눈금 쪽으로 기운 사람들이 사는 '기쁨의 세계'에서는 자기보다 동료를 믿고 서로 인정한다. 따라서 서로 먹여줌으로써 다 같이 넉넉해지는 천국 세계이다. 결국 각자 알맞은 지위를 얻고, 당연히 물질적으로도 풍요롭다. 그리고 역시 세상은 안전하고 괜찮다는 것을 확인한다.

정리해보면 이런 과정이다.

기쁨 ➔ 변화 ➔ 성장 ➔ 동료 ➔ 인정 ➔ 지위 ➔ 물질 ➔ 안전

소원이 모두 이루어지는 상태

공포와 기쁨을 살펴봤는데, '공포의 세계'에 있는 사람은 어쨌든 열심히 산다. 하지만 열심히 일해서 돈을 벌어도 늘 부족하고, 그나마 열심히 일하지 않으면 가난하다. 열심히 일해서 부자가

된다 해도 열심히 하는 데 한계가 있어 다시 가난한 상태로 돌아가버리기도 한다.

반면 '기쁨의 세계'에 있는 사람은 별다른 것을 하지 않아도 돈과 친구를 얻는다. 눈앞에 재미있는 일이 있으면 곧바로 손을 내밀어 변화를 받아들인다. 그리고 세상이 괜찮다는 것을 쉽게 확인하고 안전하게 모든 것을 손에 넣는다.

앞서 제3장에서 '돈을 끌어당기는 법'을 이야기했는데, 사실을 말하면 공포의 세계에 있는 사람은 그 방법을 써도 생각만큼 돈을 손에 넣지 못한다. 왜냐하면 전혀 노력할 필요가 없는 방법이라 그들에게 맞지 않기 때문이다. 무엇을 갖고 싶은지 명확히 정하고, 이 책에 그 금액을 써서 책꽂이에 꽂아두기만 하면 되는데, 그것이 잘되지 않는다. 기쁨의 세계에 있는 사람들은 단지 그렇게만 해도 정말로 바라는 만큼 돈이 들어오니 신기한 일이다. 하지만 세상은 그런 것이다. 기쁨으로 사는 것이 최고다.

나는 쉰 살이 되면 분명히 자전거로 유라시아 대륙을 횡단할 것이다. 그것을 한다고 돈이 들어오는 것도 아니고, 또 누군가에게 인정받고 싶은 마음도 없다. 그냥 하고 싶을 뿐이다.

아마 그때까지 필요한 돈도 주변 상황도 잘 준비될 것이다. 왜냐하면 자전거 유라시아 횡단을 생각하면 가슴이 떨리고 기쁨에 휩싸이기 때문이다. 감정의 눈금을 기쁨 쪽에 두면 나머지 필요한 리소스(자원, 돈, 인간관계 등)는 저절로 손에 들어온다.

한편 나는 2004년부터 필생의 과업으로 폭포 수행을 해왔는데, 1년에 100일씩 통산 거의 1,200회 정도 폭포를 맞았다. 그리고 가끔은 다른 사람에게 폭포 수행을 권하기도 한다. 그때 반응은 크게 둘로 나뉜다.

한쪽은 폭포 수행으로 실리를 얻으려는 사람이다. 폭포를 맞음으로써 잠재력이 개화하고, 그 결과 경제와 건강, 인간관계가 개선되었으면 하는 기대를 갖는 것이다. 물론 효과를 부정할 수는 없지만 반드시 뜻대로 되지 않는다는 것도 잘 알아야 한다.

그리고 또 다른 쪽의 반응은 "폭포 수행 한번 해보고 싶은데?"라며 단순히 호기심으로 참여하는 사람이다. 스님께서는 이렇게 말씀하셨다.

"예전에는 자신에게 엄격하고 금욕주의자처럼 절제하는 것이 폭포 수행의 세계라고 생각했는데, 아무래도 아닌 것 같아요. 즐겁게 웃으면서 수행하는 쪽이 훨씬 빨리 깨닫는 것 같아요."

즐겁게 웃으면서 한다고 하지만 폭포나 자연을 향한 경외심, 진지한 마음은 중요하다. 자연 속으로 들어가는 한 안전이 보장될 리 없기 때문이다. 이것은 결국 '심각함'과 '진지함'의 차이이다. 심각함에는 힘이 들어가 있지만 진지함에는 힘이 들어가 있지 않다. 이완된 상태이다.

벽돌과 대나무의 차이라고도 할 수 있다. 벽돌은 딱딱하게 굳어 있지만 망치로 때리면 금방 부쉬진다. 반면 대나무는 바람에 흔들릴 정도로 유연하지만 낭창낭창하기 때문에 망치를 휘둘러도 좀처럼 부러지지 않는다.

우린 벽돌이기보다 대나무가 되자.

단단하게 지키려고 애쓰는 것이 아니라 힘을 빼고 이완된 상
태로 바람에 몸을 맡기고 살면 의외로 일이 잘 풀린다. 물론 성과
를 내기 위해서는 행동, 에너지가 중요하다.

일시적으로 술렁임과 스트레스를 느낄 수도 있지만, 기쁨으로
충만한 사람은 스트레스 자체를 즐기는 성질이 있다. 이런 사람
에게는 인생이 온통 즐거운 일로 가득하니 두근거림이 끊이지 않
는다. 그리고 소망한 일은 모두 저절로 이루어진다.

'사람을 움직이는 방법'에 휘둘리지 마라

어떻게 하면 감정의 눈금을 기쁨 쪽으로 옮길 수 있을까? 만약
지금 눈금이 공포 쪽으로 기울어져 있다면 어떻게 해야 할까?

먼저 '공포의 갑옷'을 벗어버리는 방법이 있다. 그 갑옷의 근원은 '자기 중요감'이다. 공포의 지배를 받는 사람은 안전을 추구하므로 매사에 단단하게 자기 몸을 지키려 한다. 하지만 앞에서도 이야기했듯이 벽돌처럼 단단하지만 쉽게 부숴질 수 있다. 너무 단단하기 때문에 만성적으로 어깨 결림이나 두통에 시달리고, 사소한 일로 부상을 당하거나 병에 걸리기 쉽다.

'자신이 중요하다'는 생각, 그 자체는 바람직하다. 하지만 문제는 많은 부분이 '타인의 시선'을 향하고 있다는 점이다. 자기 계발의 고전 명작인 데일 카네기의 《인간 관계론(How to Friends and Influence People)》에서는 "사람을 움직이는 단 한 가지 방법은 바로 상대방의 '자기 중요감'을 만족시켜주는 것"이라고 기술한다.

필요 이상으로 돈을 벌려고 한다, 다른 사람 위에 서려고 한다, 값비싼 장신구를 몸에 걸친다, 호화로운 서비스를 요구한다, 고급 클럽에서 한 병에 100만 원이나 하는 샴페인을 마시려고 한다, 페이스북에서 자신의 즐거운 일상을 보여주는 포스팅을 되풀

이한다…….

이런 행동은 모두 자기 중요감을 만족하기 위한 것이다.

나아가 다른 사람의 발목을 잡는다, 범죄를 저지른다, 병에 걸린다…… 같은 부정적 결과도 자기 중요감에 원인이 있는 경우가 많다.

다른 사람에게 호감을 사고 좋은 인간관계를 맺고 싶으면 상대방의 자기 중요감을 만족시켜주면 된다. 그것은 언뜻 멋진 태도로 보이기도 하는데, 반대 입장에서는 자칫하면 매우 위험할 수도 있다. 자기 중요감의 노예가 될 수 있기 때문이다. 자기 중요감을 만족하기 위해서 비싼 돈을 지불하고, 무료 봉사를 하고, 불합리하기 그지없는 요구도 받아들인다. 냉정히 생각해보면 그것이 자신의 의사에 반하는 일일지라도 그렇게 하는 것이다. 그럼에도 자기 중요감을 더욱 만족하고 싶어서 못 견뎌 한다. 그것을 위해서는 참고 노력하고, 노력하고, 또 노력한다.

이런 사람에게 자기 중요감이 충족되지 못하는 것은 그야말로 죽음에 가까운 공포이다. 자기 중요감이 무시당했을 때 이들은 진심으로 화를 낸다. 회사 상사든 고객이든 남편이든 아내든 자기 중요감이 채워지지 않으면 불쾌해한다. 반대로 그 요구에 제대로 응해주면 상사는 내 뜻대로 움직이고, 고객은 큰돈을 지불하고, 그리고 부부는 원만한 관계를 유지할 수 있다. 그야말로 내 뜻대로 상대를 움직일 수 있는 것이다.

그러나 자기 중요감을 지키기 위해 다른 사람을 뜻대로 움직이는 것은 무서운 일이다. 자기 중요감의 본질은 자유를 빼앗는 데 있다. 그도 그럴 것이 본래는 움직일 필요도 없고 움직이고 싶지도 않은데 움직이게 되기 때문이다. 그 밑바탕에 있는 감정이 바로 '공포'이다. 자기 중요감을 빼앗길지도 모른다는 공포로부터 몸을 지키기 위해 필사적으로 애쓰는 것이다. 그 결과 몸과 마음이 피폐해진다.

꿈을 이루는 바보

자기 중요감이란 열등감의 반대되는 감정이라고 생각하면 이해하기가 쉽다.

자전거로 세계 일주를 할 거라고 말만 하는 사람은 단지 주위로부터 인정받고 싶을 뿐이다. 대단하다는 칭찬을 듣고 '나는 정말 멋진 사람(=중요한 사람)'이라고 생각함으로써 열등감을 잊고 싶은 것이다.

제1장에서도 이야기했지만 복숭아 동자는 "나, 진짜 도깨비섬에 갈 테니 잘 봐. 내일 정말로 떠날 거야!" 같은 말을 절대로 하지 않았다. 그런데 이런 식으로 큰소리치는 사람을 주위에서 꽤 많이 볼 수 있다. 그런 사람은 자신의 열등감을 부정하고 싶은 마음에 그렇게 하는 것일 뿐이다.

열등감을 가진 사람은 에너지가 없기 때문에 한 걸음도 제대로 움직이지 못한다. 허황된 말을 꺼내는 순간 자기 중요감이 만족되어 그대로 상황이 종료된다. 그래서 결국 아무것도 변하지 않는다. 꿈은 그냥 꿈인 채로 끝나버린다.

어쩌면 꿈을 이루기 위한 행동을 했다가 다른 사람에게 웃음을 살 수도 있고, 욕을 먹을지도 모른다. 하지만 그게 어떻단 말인가! 에너지를 빼앗는 가장 큰 요소는 쑥스러움, 부끄러움, 보잘 것없는 자존심이다 그런 건 하루빨리 저 멀리 던져버려라!

쑥스러움이나 부끄러움은 삶에 어떤 도움도 되지 않는다. 설령 자기 중요감이 상처를 입었다 치자. 그게 어떻다는 것인가!

우리는 자유로워야 한다. 자기 중요감 따위에 현혹되면 안 된다. 자신이 중요하다는 것은 누구보자 자기 자신이 가장 잘 안다. 이제 스스로에게 물어보자.

'내 꿈은 어디에서 왔는가?

혹시 열등감이나 자기 중요감에서 온 것은 아닌가?'

다른 사람이 인정하든 말든 상관없이 뭐든 내가 하고 싶어서 하는 것이 중요하다. 꿈을 생각하면 두근두근 가슴이 뛰고 벅차 올라서 견딜 수가 없는가? 그렇다면 됐다. 그것으로 충분하다. 충족되지 않으면 불안해하는 자기 중요감 따위는 집어치워라!

다시 한번 이야기하지만 자신이 중요하다는 것은 자기 자신이 가장 잘 안다. 자기만족? 좋다, 좋아! 그것으로 됐다! 부끄러움도 체면도 없고, 오로지 나만의 꿈을 향해 정직하게 살아가는 바보 가 되자. 춤추는 바보와 구경하는 바보가 있다면 춤추는 바보가 낫다. 꿈을 이루기 위해 행동하는 바보도 있고, 시끄럽게 떠들면 서 구경만 하는 바보도 있다. 사람은 누구나 바보이다. 그렇다면 '행동하고 꿈을 이루는 바보'가 되자.

공포의 갑옷을 벗어버리는 주문을 다시 한번 외쳐보자.

"누가 뭐래도 내가 중요하다는 것은 내가 제일 잘 안다!"

우리는 사랑과 감사로 이루어졌다

한 가지 더 중요한 진실을 말하고자 한다. 바로 사랑과 감사에 관한 것이다.

얼마 전, 이 세상에 태어난 뒤 최초의 기억이라 할 수 있는 추억이 문득 떠올랐다. 바로 엉덩이에 관한 것이다. 아마 한두 살쯤 되지 않았을까? 엄마가 엉덩이에 하얀 가루를 팡팡 두드리며 발라주던 장면, 그것이 갑자기 떠오른 것이다. 요즘은 별로 쓰지 않는 것 같은데, 내가 아기였을 때만 해도 땀띠를 예방하기 위해 베이비파우더를 자주 발라주곤 했다. 만약 그때 엄마가 베이비파우더를 발라주지 않았더라면 내 엉덩이는 아마 땀띠로 빨갛게 짓물렀을 것이다. 엉덩이에 땀띠가 나고, 가려워서 긁고, 긁은 자리에 세균이 들어가면 곪고 진물이 나서 피부는 엉망이 된다.

하얀 가루로 엉덩이를 팡팡 두드려주는 것은 살뜰한 보살핌을 의미하는 하나의 상징이었다. 엄마, 아빠, 그 밖의 많은 사람이 보살펴준 덕분에 지금 내가 이렇게 건강하고 즐겁게 살고 있는 것이다. 나뿐만 아니라 이 세상 모든 사람이 그렇다.

물론 이 세상에는 부모에게 상처를 받으면서 자란 불행한 사람도 있다. 그런 부모를 용서하자는 소리는 결코 아니다. 하지만 역시 부모가 있기 때문에 내가 태어났고, 또 누군가의 보살핌을 받은 덕분에 지금의 내가 있는 것이다. 인간의 아기는 불완전하게 태어나므로 반드시 누군가가 돌보아줘야 한다.

그뿐만이 아니다. 베이비파우더도, 기저귀도, 아기 옷도, 분유도, 이유식도 누군가 만들어준 사람이 있기에 쓸 수 있다. 음식하나만 놓고 봐도 농가, 축산, 가공, 유통 등 온갖 품이 들어간 덕에 비로소 내 앞에 놓이는 것이다. 내 힘 따위는 손톱만큼도 없다. 거기에 있는 것은 모두 사랑이다.

세상은 나 혼자서 결코 살아갈 수 없다. 주변에서 모든 것을 도움받아 살고 있다. 그러니 감사할 수밖에 없다. 한편 나 자신의 존재도 누군가에게는 도움이 된다. 뭔가 주고 있는 것이다. 그것 역시 사랑이다.

이 우주에 쓸모없는 존재는 없다. 모두가 완벽하다. 그리고 존재하는 모든 것에는 가치가 있다. 거기엔 이유도 없고 조건도 없다. 애초에 가치 있고 중요하고 사랑받는 존재, 그것이 인간의, 우주의 진실이다. 모든 것을 받아들이는 것, 그것이 감사이다. 그리고 그저 주는 것, 그것이 사랑이다.

사랑과 감사, 이것이야말로 우주의 본질이며, 그 진실을 깨달을 때 주위에 가득한 무한의 기쁨을 느낄 것이다. 운이 좋은 사람이란 기쁨을 느끼며 사는 사람, 사랑과 감사로 사는 사람이다.

어머니가 내 엉덩이에 하얀 베이비파우더를 팡팡 두드려주던 기억이 문득 떠올랐을 때, 나는 바야흐로 살아 있음을 느꼈다. 그리고 이 우주의 일원이라는 사실을 깨달았다. 그 진실과 하나 된 순간 눈물이 멈추지 않았다.

우주는 사랑과 감사로 이루어져 있다. 그리고 존재 자체가 이미 기쁨이다. 그러므로 공포의 노예 같은 건 될 필요도 없다. 우리 모두가 이미 축복받고 사랑받는 소중한 존재이므로 다른 사람에게 인정받으려고 애쓸 필요가 없다. 그저 있는 것만으로 가치가 있다. 무엇을 하든 거기에는 기쁨만 있다.

그러므로 괜찮다.

어떤 꿈을 꾸어도 좋다. 보잘것없어도, 어리석어도 괜찮다.

마음속에서 술렁임이 일어났다면 망설이지 말고 도전해보자.

우주는 언제나 여러분을 지켜보고 있다. 그리고 사랑하고 있다.

기쁨은 널리 퍼져나가고 꿈은 크게 부풀어 오른다.

인생은 정말로 즐겁다! 최고다! 고맙다!

♣ 꿈은 한없이 커지는 것이다

꿈은 이루어지든 이루어지지 않든 끝이 없다.

꿈을 확인하면 오늘을 충실히 살 수 있다.

♣ 기쁨의 세계에 있으면 모든 꿈이 이루어진다

공포는 제일 먼저 안전을 확보하기 위해 행동한다.

기쁨은 처음부터 변화를 향해 돌진한다.

애쓰지 않는 편이 오히려 일이 잘 풀린다.

♣ '운이 좋은 사람'은 기쁨이 충만한 사람이다

기쁨은 '자기 중요감'을 버려야 찾아온다.

가슴을 뛰게 하는 꿈이 현실로 이루어진다.

사랑과 감사를 잊지 않고 산다.

이 렇 게   하 면   점 점   운 이   좋 아 진 다 !

♣ 미지의 일에 도전해본다.

♣ "누가 뭐라 해도 내가 중요하다는 사실은 내가 제일 잘 안다"고 중얼
거린다.

♣ 자신의 존재를 느껴본다.

운이 좋은 사람이 되는 법은 간단하다

⋮

이 책을 쓰면서 증명된 수많은 일

이 책 앞부분에서 '운의 흐름에 올라타는 방법'으로 기적을 만든 사람들의 목소리 가운데 갖고 싶은 물건과 필요한 금액을 종이에 써두었더니 한 달 뒤에 갑자기 거의 딱 맞게 특별 수입이 생겼다"는 남성을 소개했다.

사실은 내 이야기이다. 매번 내 자랑만 해서 조금 미안하지만 내가 생각해도 소름 끼칠 정도의 경험이었다. 제3장에서

'필요한 돈을 끌어당기는 청구서 만들기'에서 나의 사례로 다음과 같은 것을 들었다.

- 풀코스 마라톤 참가: 100만 원

- 동유럽 여행: 300만 원

- 새 차(미니밴): 3,000만 원

- 외모 관리: 300만 원

- 롤렉스 시계: 1,000만 원

  (합계 4,700만 원)

이 책을 쓰기 위한 사례로 4,700만 원 상당의 소원을 시험 삼아 적어봤는데, 정말로 생각지도 않던 5,000만 원이 들어왔다.

7월에는 3,000만 원 가까운 새 차를 샀고, 패션 스타일리스트 전문가에게 컨설팅을 받아 양복을 새로 맞추었다. 그리고 9월에는 동료들과 함께 그리스, 알바니아로 여행을 떠났다.

참고로 후쿠오카 마라톤은 마침 그 무렵 셋째가 태어날 예정이에서 내년으로 미뤘다. 롤렉스 시계도 마음만 먹으면 언제든지 살 수 있게 되었다. 맨 처음 이 소원을 쓸 때는 아무것도 정해져 있지 않았지만, 글로 쓴 뒤 눈 깜짝할 사이에 실현된 것이다.

정말이지 'Y=aX+b' 식대로 'a(방향)'를 정한 다음 무리하지 않는 범위 내에서 나름대로 'X(행동·에너지)'를 하다 보면 정말로 이루어진다는 것을 이 책을 쓰면서 증명해버린 것이다.

매번 알 수 없는 이유로 특별 수입이 들어오기도 하고, 재미있는 사람들과 인연을 맺기도 하고, 생각지도 못한 기회를 잡기도 한다. '정말로 운이 좋다!'고 느낀다.

인생은 총 쏘기 게임, 마구 쏴라

솔직히 말해서 운을 좋게 만드는 일은 간단하다. 유일한 비결은 몸을 움직이는 것이다.

놀이동산에서 총 쏘기 게임을 할 때 총알이 세 발밖에 없는 사람과 백 발이나 있는 사람, 누가 더 많은 경품을 딸 수 있을까? 말할 것도 없이 백 발을 갖고 있는 사람이다. 총알이 넉넉하면 경품도 많이 딸 수 있고, 경품을 많이 따면 하늘을 날 것처럼 기분도 좋다.

운이 좋은 사람도 마찬가지이다. 총알을 마구 쏘기 때문에 거머쥘 행운도 당연히 많아진다. 더구나 총 쏘기 게임은 돈 주고 총알을 사야 하지만, 우리의 일상 세계에서는 총알을 살 필요가 없다. 늘 지니고 있으니까. 그것이 바로 에너지이다.

무한한 에너지를 마구 발산하면 그만큼 즐거운 일도 많이 일어난다. 물론 빗나갈 때도 있지만 신경 쓰지 않아도 된다. 빗나갔다고 해서 잃을 것은 없으니까.

'총알을 마구마구 발사한다. 그리고 빗나간 총알은 신경 쓰지 않는다.'

이것이 운을 좋게 만드는 진정한 비법이다.

그렇다면 과녁은 무엇일까? 바로 '술렁임'이다. "딱히 내세울 것 없다"는 소리를 들으며 살던 나이지만 10년 전, 궁지에 몰렸을 때 총알을 마구 쏘아대기로 결심했다. 그 뒤로 술렁임이 찾아오면 닥치는 대로 쏘아댔다. 그뿐이다. 그 결과가 지금의 나를 만든 것이다.

여러분도 오늘부터 마구 쏘면 된다. 총알은 사지 않아도 된다. 이미 무한정으로 가지고 있으니 빗나갈 걱정은 하지 말자. 쏘고, 또 쏘고, 또 쏘아도 괜찮다. 물론 조금 지칠 수는 있지만 죽지는 않는다. 금방 회복할 수 있다.

쏴보지도 못한 총알을 잔뜩 끌어안은 채 죽는 것만큼 안타까운 일은 없다. 이왕이면 마구 쏘고 나서 천국에 가는 편이 낫다. 이 세상에서 후회만큼 어리석은 일은 없다. 삶이란 절대 돌이킬 수 없기 때문이다.

가슴속에 술렁임이 일었다면 총알을 쏘자. 그러면 절대로 후회하지 않는다. 바라던 일 그리고 종이에 적은 소원, 말로 떠들던 바람이 믿을 수 없을 만큼 간단히 실현되면 그것처럼 즐거운 일이 없을 것이다.

모처럼 구입한 책이니까 이 책의 빈칸에 빠짐없이 소원을 써넣고, 부록 원고도 아홉 번 읽고, 그리고 가끔 책을 다시 꺼내 읽으면서 잇달아 찾아오는 술렁임을 향해 총을 쏘아대며 즐겁게 살면 좋겠다. 그러면 실제로 엄청난 일이 일어나고 복숭아 동자가 개, 원숭이, 꿩을 만났듯이 새로운 인연도 만날지 모른다! 정말 기대되지 않는가?

책을 구상하는 것부터 출간하기까지 1년이라는 시간이 걸렸다. 그런 만큼 끝까지 읽어준 것에 대해 정말로 기쁘게 생각한다. 하지만 이 이상으로 기쁜 것은 여러분의 꿈과 소망이 마구 이루어지는 것이다. 가능하면 기쁨을 같이 나누고 싶다.

전작 《3개의 소원 100일의 기적》에서도 그랬지만 독자들이

들려준 기쁜 소식만큼 감사한 일은 없다.

술렁임을 향해 총을 쏘는 한, 열심히 움직이는 한 앞으로 즐거운 일만 일어날 것이다. 해보지 못하고 후회하는 리스크에 비하면 그 어떤 일이라도 앞으로 일어날 일들은 모두 괜찮다.

앞으로 인생은 더욱 밝고 힘차고 행복하게 전개될 것이다.

여러분의 인생을 위해 건배! 축하한다.

마지막으로 전작에 이어 언제나 휘청거리는 나를 끈기 있게 격려해주고 애정 어린 퇴짜를 아낌없이 놓아가며 이 책을 엮어준 편집자와 스태프 모두에게 감사드린다. 무엇보다 몇 달 동안 임신한 몸으로 나를 지지해준 아내에게는 고맙다는 말밖에 더 할 말이 없다. 그리고 부모님, 두 아들, 새로 태어난 아기, 언제나 블로그의 글을 읽어주시는 여러분께도 감사드린다.

운은 우연이 아닙니다. 바꿀 수 있습니다

———

〈복숭아 동자〉를 보면 아무리 옛날이야기라지만 어린아이 혼자 도깨비가 사는 섬에 가는 것은 있을 수 없습니다. 하지만 할머니와 할아버지는 가도록 했습니다. 가는 길에 수수경단을 좋아하는 개와 원숭이, 꿩이 있다는 사실을 미리 알았기 때문입니다. 이것이 우주의 계산입니다.

도깨비섬에 가기로 결정한 것은 복숭아 동자입니다. 우선 방향을 정하고, 수수경단을 들고 길을 떠났습니다. 그러자 섬으로 가는 길에 필연적 만남이 찾아왔고, 수수경단을 먹으면서 도깨비를 퇴치할 수 있었습니다. 결코 "내일 길을 떠날 거야"라고 허풍을 떨지 않았습니다. 길을 떠난 순간 운이 따르기 시작한 것입니다.

〈복숭아 동자〉 이야기에서 필연적 만남은 우주가 보낸 '신호'이고 수수경단은 '에너지'입니다. 이 두 가지가 운의 정체입니다.

다시 말해 운을 좋게 만들려면 제대로 방향을 정하고, 착실히 행동으로 옮겨야 한다는 것입니다.

만약 지금 여러분이 명확한 방향을 향해서 움직이기 시작했다면 지금 시점에서 이미 운은 좋아지고 있습니다. 소원은 그곳을 향해 움직이기만 해도 우주로부터 신호와 에너지가 솟아나 언젠가는 반드시 이루어지기 때문입니다.

신호는 갑자기 혹 하고 하늘의 목소리처럼 찾아옵니다. 소원하는 일이 있거나 자기 자신을 한 단계 높이려고 생각할 때 느닷없이 찾아오지요. 이 신호에 제동을 거는 것이 있으니 바로 '잠재의식'입니다. 잠재의식은 좋든 나쁘든 지금까지의 경험으로 만들어진 프로그램이라 새로운 신호가 안전하다고 판단하면 받아들이지만, 자신을 한 단계 높이거나 변화를 촉구하는 것이라면 그 순간 제동을 겁니다.

다시 말해 우리가 소원을 이루거나 성장할 때는 초의식과 잠재의식이 마찰을 일으켜 마음이 술렁대고 불안해집니다.

예를 들어 지금 "코미디 대회에 한번 나가보는 게 어때?"라는 말을 들었을 때, 마음이 두근거리면서 술렁였습니까? 그렇다면 그건 초의식이 보낸 메시지입니다. 내가 그랬던 것처럼 그 술렁임을 행동으로 옮기면 반드시 크게 성장할 것입니다.

그래서 말씀드립니다. "○○하면 좋겠다"의 '○○'에 지금 어떤 말이 들어 있습니까? 질문을 받자마자 딱 떠올랐지요? 그렇지 않다면 무슨 말을 넣고 싶나요? 분명히 떠오르는 것이 있을 겁니다. 혹시 술렁임이 일었습니까? 그렇다면 축하합니다. 그게 바로 신호입니다!

어쨌든 이 신호는 대개 스트레스를 동반합니다. 왜냐하면 이제부터 변화가 생길 테니 저항이 있는 것은 당연한 일입니다.

이 밖에도 만약 어떤 술렁임이 느껴진다면 반드시 종이에 써보기 바랍니다. 일단은 쓰기만 해도 깔끔하게 정리되니까요.

다음은 그 술렁임을 일으키는 신호를 행동으로 옮기기 바랍니다. 복숭아 동자도 "내일부터 열심히 해야지"라고 말만 한 게 아니라 바로 길을 떠났기 때문에 도깨비를 물리칠 수 있었습니다. 여러분도 지금 술렁임을 느꼈다면 망설이지 말고 행동으로 옮겨야 합니다. 이 과정에서 상당한 스트레스를 받겠지만 안심해도 됩니다. 이때 받는 스트레스는 몸에 좋을 뿐 아니라 최고니까요. 이쯤에서 한번 외쳐봅시다. 스트레스 최고!

에너지를 만들어내는 세 가지 수행 방법으로 목소리·눈·배에 관해 이야기했습니다. 우선 목소리입니다. 어쨌든 제일 먼저 목소리를 내는 것부터 시작합시다. 어포메이션이라고도 하는데, 힘차게 선언하면 점점 소원을 이루게 됩니다.

때로는 바보라도 된 듯 "좋았어!" "아주 잘생겼군!" "고맙습니다!" "매출 증가!" "할 수 있다!" "와하하! 와하하하!" 하고 외쳐보면 좋습니다. 어른이 되면 소리 내 말할 일이 줄어들기 때문에 이렇게만 해도 변화를 상당히 체감할 수 있습니다.

단, 조심해야 할 것은 그저 목소리만 크게 내면 주위에 민폐가 된다는 점입니다. 조용한 레스토랑 같은 데서 큰 소리로 떠들면 주변 사람들에게 눈총을 받죠. 중요한 것은 울림입니다. 그렇다면 어떤 목소리가 울림이 좋고 매력적일까요? 다름 아닌 편안한 목소리입니다. 긴장한 목소리는 목구멍이 위축되어 울림이 나빠지기에 듣기가 불편합니다. 그래서 목소리가 커도 울림이 나쁘면 듣기 괴롭습니다. 먼저 마음을 편안하게 가지세요. 그리고 숨을 내쉬고 힘을 뺍니다. 자, 이제 발성해보세요.

그다음은 눈입니다. 이것은 간단합니다. 눈을 부릅뜨면 됩니다. 그러면 평소처럼 눈을 뜨고 말했을 때와 부릅뜨고 말했을 때 어떻게 다른지 들어봅시다. 먼저 평소처럼 눈을 뜨고 "고맙습니다"라고 말해보세요. 이어서 눈을 부릅뜨고 "고맙습니다"라고 말해보세요. 느낌이 전혀 다를 겁니다. 쉬우니까 당장 해보세요.

남의 이야기를 들을 때도 눈을 크게 뜨고 들으면 굉장히 좋습니다. 말은 귀로 듣는 것이 아니라 눈으로 듣는 것입니다. 그리고 때때로 "그렇습니까!" "대단하군요!"라고 맞장구를 쳐주면 상대는 더욱 신이 날 겁니다. 상대방의 기분이 좋아지면 여러분도 행복하겠죠? 목소리를 낼 때는 눈을 부릅뜬다는 점을 기억하세요.

목소리와 눈만으로도 상당한 에너지가 나옵니다. 벌써 기분이 좋아지고 신이 날 겁니다. 하지만 이 두 가지로는 불안정한 상태입니다. 기분이 고조되기만 하면 엉뚱한 소리를 하는 사람이 있

기 마련입니다. 예를 들어 "1년 안에 10억 원을 벌겠습니다!"라

든지 "내년 올림픽에서 금메달을 딸게요!"라는 식으로 기분 내키

는 대로 말하게 하는 세미나도 있습니다. 그런데 이렇게 떠들고

나면 대체로 다음 날 자기혐오에 빠지곤 합니다. 그 정도면 그나

마 나은 편이고, 자칫 앞뒤 안 가리고 회사를 그만두는 사람도 있

습니다.

이럴 때는 배에 물어봅니다. "1년 안에 10억 원"도 무리는 아

니지만, 배가 제대로 받아들이지 않으면 실패하니까요. 이럴 때

는 배꼽 아래, 이른바 '단전'에 의식을 집중하고 소원을 빕니다.

숨을 내쉬고 몸에 힘을 빼고 단전에 의식을 모아서 "해보자!"라

고 말합니다. 이때 쿵 하는 느낌이 있으면 된 겁니다.

요컨대 이 목소리와 눈과 배가 중요한데, 이는 각각 '언어' '사

고' '행동'에 대응합니다. 진언밀교에서는 '신구의(身口意)'라고 말

하는데, 이 세 가지가 합쳐져야 비로소 진정한 에너지가 나오는

것입니다.

이 자리에서 한번 해봅시다. 구체적 소원을 떠올리고 "○○가

이루어졌다!"고 외쳐보는 겁니다. 목소리와 눈과 배를 의식하면서, 예를 들면 "여자 친구가 생겼어요!"라든지 "월 수입 1000만 원을 돌파했다!"고 외쳐보는 겁니다. 이렇게 함으로써 에너지가 충전됩니다.

그리고 무엇보다 중요한 것은 자신의 소원을 사랑하는 것입니다. 그 사랑을 때때로 '청춘'이라고도 부르는데, 사람은 누구나 무조건 하고 싶은 일이 있습니다. 사실 내 기준은 돈을 번다거나 인정받는 것이 아니라 '청춘하고 있는가, 사랑하고 있는가'입니다. 예를 들어 작년에는 후쿠오카에서 도쿄까지 자전거로 강연하면서 달렸는데, 이건 내게 청춘입니다. 청춘이 있기에 하는 것입니다. 그때는 엄청난 에너지가 나오니까요.

따라서 부디 글로 써보면 좋겠습니다. 제2장 마지막 부분에 빈 칸을 마련해두었으니 꼭 하고 싶은 일이나 갖고 싶은 것을 써보세요. 써넣을 때 이유 없이 기분이 고조되어 청춘을 느끼면 좋겠습니다. 그리고 가능하다면 그 일을 하는 데 드는 비용도 적어주기 바랍니다.

마지막으로, 바라는 것을 이루려면 어떻게 해야 할까요? 여기에서 한 번 더 말하겠습니다. "○○하면 좋겠다." 그 ○○가 바로 실현을 위한 신호입니다! 자, 이제 앞으로 나아갑시다.

감사합니다!

돈을 끌어당기는 범자(梵字)의 비밀

————

아마 이 책 마지막 부분에 좀 이상한 그림이 들어 있는 것을 보았을 것입니다. 얼핏 글자 같기도 하고 부적 같기도 하죠. 이것을 범자(梵字)라고 하는데, 산스크리트어 글자를 말합니다.

이것은 '대일여래(大日如來)'를 가리키는 범자로, 대일여래는 밀교에서 최고신, 우주의 근원과 같은 존재를 말합니다. 기독교로 치면 창조주 하나님이고, 이슬람교로 치면 알라에 해당하지요.

그런데 이 범자는 사실 예전에 내가 어느 큰 부자에게 받은 것입니다. 이것을 사진으로 찍어서 가지고 다니든지 복사해서 동쪽

벽에 붙여두면 돈에 쪼들리지 않는다고 합니다. 10년 전쯤 그 이야기를 듣고 바로 실천해봤는데 신기하게도 정말 그랬습니다.

지난 10년간, 여러 가지 일이 있었지만 돈이 궁한 적은 없었습니다. 사실입니다.

게다가 이 범자가 걸작인 것은 이 글자를 '밤크'라고 읽는다는 데 있습니다. 밤크? 어쩐지 마음에 드는군요. 맞습니다, 은행을 영어로 뱅크라고 하지요. 정말 비슷하게 들리지 않나요?

어쨌든 효과가 있으면 되는 거죠. 물론 이 방법이 효과가 없는 사람도 있을 수 있습니다. 차이가 있다면 틀림없이 이겁니다. 효과가 있는 사람은 이 범자와 뱅크를 연관 지어 말하는 것을 듣고 웃을 수 있는 사람입니다. 딱히 웃길 생각은 아니었지만, 내 얘기를 듣고 재미있다며 싱긋 웃는 사람 말입니다.

반대로 효과가 없는 사람은 말도 안 되는 억지라며 트집 잡는 사람입니다. 그렇게 논리로 따지면 안 됩니다. 만일 이것을 바보 같다고 생각하는 사람이 있다면, 미안하지만 돈한테 사랑받기는 글렀다는 생각이 듭니다. 모든 것은 '웃음'입니다.

웃음의 본질은 릴랙스입니다. 반대로 트집 잡거나 화를 내거나, 각종 인터넷 댓글 창에 비난 글을 올리는 사람은 스트레스로 가득 찼다는 뜻이겠죠.

소원이든 돈이든 역시 편안하고 웃음과 여유가 넘치는 곳을 좋아하는 법이죠. 단순하게 생각해도 그렇지 않나요? 여러분도 재미있는 사람과 웃음이 넘치는 곳에 있고 싶을 겁니다.

일본의 신화에도 이런 이야기가 있습니다. 태양신이 화가 나서 동굴 속에 숨어버리는 바람에 세상이 어두워졌습니다. 그러자 태양신을 동굴 밖으로 나오게 하기 위해 한 여신이 우스꽝스러운 춤을 추어 주위 신들을 한바탕 웃게 만들었습니다. 바깥에서 들리는 웃음소리가 궁금해진 태양신은 마침내 동굴에서 나왔고, 그 순간 세상이 다시 밝아졌다는 이야기입니다.

이 범자의 본질도 웃음이며, 재미있다고 받아들이면 되는 것입니다. 원하는 만큼의 돈까지 들어온다면 얼마나 즐거울까요.

고맙습니다.

누구나 10년 안에 100억 원을 버는 법

지금부터 엄청난 이야기를 하겠습니다. 누구나 10년 안에 100억 원을 버는 방법입니다. 이건 예외가 없어요.

예를 들어 지금으로부터 10년 전을 떠올려볼까요? 인터넷은 있었지만 유튜브는 없었고 스마트폰도 없었습니다. 특히 스마트폰이 대단합니다. 스마트폰 덕분에 사람들은 언제 어디서나 인터넷에 접속할 수 있게 되었고, 실제로 인터넷 사용 인구도 급증했지요. 게다가 스마트폰 하나만 있으면 텔레비전, 라디오, 전화, 카메라, 게임까지 할 수 있으니 도라에몽으로 치면 '만약에 박스' 그 자체입니다.

지금은 누구나 가질 수 있는 스마트폰이지만 10년 전에는 사고 싶어도 그런 물건이 없었습니다. 다시 말해 100억 원이 있어도 가질 수 없었다는 뜻입니다. 유튜브도 마찬가지이죠. 평소라면 돈을 주어도 보기 힘든 진귀한 영상들이 넘쳐납니다. 그리고 저가 항공사가 생겨서 비행기표 값도 싸졌습니다.

요컨대 10년이면 세상이 상상할 수 없을 만큼 많이 바뀐다는 말입니다. 예를 들어 지금 100억 원을 줘도 가질 수 없는 것을 10년 후에는 쉽게 사거나 얻을 수 있을지도 모릅니다. 의료 기술도 눈부시게 진보하고 있어 그야말로 100억 원을 쏟아부어도 나을 수 없던 병이 한 방에 낫기도 합니다. 의학 분야의 발전은 정말 놀라울 정도로 눈부십니다. 10년 전까지는 아니어도, 50년 전이면 분명히 죽었을 병이 지금은 약 한 알로 완치되니까요.

결국 10년 동안 제대로 살아 있기만 하면 지금이라면 100억 원을 줘도 가질 수 없는 것을 얻게 된다는 말입니다. "뭐야? 현금 100억 원이 손에 들어오는 줄 알고 이야기를 들었는데……"라고 실망한 사람도 있을지 모릅니다. 사실 조금만 생각해봐도 그런 일은 불가능하죠. 그야말로 아프리카의 어느 나라처럼 엄청난 인플레이션으로 빵 하나가 1조 원이 되면 모를까.

이건 굉장한 이야기입니다. 10년만 잘 살아도 100억 원의 가치가 있다는 것입니다. 100억 원이라는 현금이 있어도 쓰지 못한다면 의미가 없고, 인플레이션이라도 일어나면 속상하죠. 우리는 '가치'를 원하는 것이지 특별히 현금 자체를 원하는 건 아니잖아요. 그것으로 엉덩이를 닦을 것도 아닌데 말입니다.

이 말은 곧 건강이 제일이라는 뜻입니다. 건강하면 10년 뒤에는 누구나 100억 원의 가치를 얻게 됩니다. 너무나 설레지 않나요? 어떤 미지의 나라에 가는 것보다 10년 후 이 나라나 세계가 더 재미있을 것 같지 않나요?

미래에 대한 두근거림은 대단히 중요합니다. 나도 쉰 살이 되면 자전거로 유라시아를 횡단하겠다고 말했는데, 그 두근거림 덕분에 지금을 충실하게 살 수 있다고 생각합니다. 따라서 만일 지금 상황이 좋지 않더라도 10년만 잘 버티면 어떻게든 풀릴 거라고 생각하세요. 어쩌면 5년이나 1년 안에 해결될 수도 있고, 어쨌든 건강하게 살아 있다면 여러 가지 좋은 일이 있을 겁니다.

하지만 10년 뒤에 잃는 것도 있습니다. 바로 젊음입니다. 지금 여러분이 몇 살이든 10년 뒤에는 그만큼 나이를 더 먹게 됩니다. 그것이 꼭 나쁜 건 아니지만, 그래도 10년 뒤보다 10년 젊은 지금이 더 가치가 있습니다.

은퇴한 한 개그맨은 신인 연예인을 향해 이렇게 말했습니다.

"너희가 정말 부러워서 미치겠다. 너희에게는 젊음이 있으니까. 만약 100억 원으로 그 젊음 살 수 있다면 바로 사겠어. 하지만 그것은 불가능하지. 이 말은 너희가 100억 원의 가치를 지니고 있다는 뜻이야."

절대적 나이를 말하는 것이 아닙니다. 30대 눈에는 20대도 젊어 보이고, 50대 눈에는 40대도 젊어 보입니다. 80대는 70대만 돼도 좋겠다고 말합니다. 따라서 가치가 있다는 말은 10년 후 자신이 봤을 때의 가치를 말합니다. 대단하지 않나요?

이렇듯 두근거리는 마음으로 미래를 꿈꾸고 설레는 마음으로 현재를 살고, 그리고 자신을 믿고 항상 행복한 기분으로 지내면 이러한 긍정적 기분이 그에 걸맞은 현실을 끌어당기고, 그 설렘에 어울리는 돈까지 끌어당길 테니 어쨌든 일단 즐겁게 삽시다! 고맙습니다.

■ 참고 문헌

Coelho Paulo, 《The Alchemist》, Harper , 1988 《연금술사》문학동네, 2001

David Ramon Hawkins, 《Power vs force》, HayHouse, 1995 《의식혁명》, 판미동, 2011

近藤麻理恵, 《人生がときめく片づけの魔法》, サンマーク出版, 2011
《인생이 빛나는 정리의 마법》, 더난출판사, 2012

加賀田 晃, 《営業マンは「お願い」するな!》, サンマーク出版, 2011
《영업맨들이여 절대 부탁하지 마라!》, 한국표준협회미디어, 2013

Carnegie Dale, 《How to Win Friends & Influence People》, Diamond Books, 1905
《인간관계론》, 현대지성, 2019

石田久二, 《夢がかなうとき, なにが起こっているのか?》, サンマーク出版, 2014
《3개의 소원 100일의 기적》, 세개의소원, 2020

寺山修司, 《書を捨てよ, 町へ出よう》, 角川書店, 2004
《책을 버리고 거리로 나가자》, 이마고, 2005

牧野 剛, 《浪人しないで何が人生だ!》, 学研プラス, 1996

原田 翔太 , 《不純な動機ではじめよう》, 徳間書店, 2013

斎藤一人 , 《地球は「行動の星」だから, 動かないと何もはじまらないんだよ》,
サンマーク出版, 2015

矢沢 永吉, 《成りあがり(How to be BIG)》, 角川書店, 2004

内山 昭一, 《昆虫食入門》, 平凡社, 2012

石田久二, 《インドへの旅が教えてくれた「ほんとうの自分」の見つけ方》, サンマーク出版, 2014

Kelly McGonigal, 〈How to make stress your friend〉, TED 강연, 2013